# 뉴욕에게 묻다

7년간 뉴욕을 걸으며 던진 질문들

# 뉴욕에게 묻다

초판 1쇄 인쇄일 2018년 12월 12일
초판 1쇄 발행일 2019년  1월  2일

**지은이** 최이안
**펴낸이** 양옥매
**디자인** 표지혜
**교  정** 조준경

**펴낸곳** 도서출판 책과나무
**출판등록** 제2012-000376
**주소** 서울특별시 마포구 방울내로 79 이노빌딩 302호
**대표전화** 02.372.1537  **팩스** 02.372.1538
**이메일** booknamu2007@naver.com
**홈페이지** www.booknamu.com
ISBN 979-11-5776-653-6(03940)

이 도서의 국립중앙도서관 출판시도서목록(CIP)은
서지정보유통지원 시스템 홈페이지(http://seoji.nl.go.kr)와
국가자료공동목록시스템(http://www.nl.go.kr/kolisnet)에서
이용하실 수 있습니다.(CIP제어번호 : CIP2018040160)

7년간 뉴욕을 걸으며 던진 질문들

# 뉴욕에게 묻다

 책과나무

★ 최이안 지음 ★

거리에서 마주 오는 이의 야구모자 정면에 뉴욕시를 상징하는 로고가 박혀 있다. 이 로고가 있는 모자나 티셔츠, 가방은 대도시는 물론 섬이나 오지에서도 흔히 볼 수 있다. 뉴욕은 지구촌 사람들의 관심과 동경의 대상인 것이다. 대부분의 미국 영화나 드라마는 뉴욕을 배경으로 한다. 화면상으로도 사람들에게 뉴욕은 친숙하다. 미국 사람도 뉴욕에 관한 것이라면 눈과 귀를 집중시키고, 타임즈 스퀘어를 한번 밟아 보기를 원한다. 인간은 언제나 중심을 지향한다.

특히 젊은이들은 청춘을 뉴욕에서 보내기를 소망한다. 그들은 이곳으로 끊임없이 밀려든다. 뉴욕은 세상 모든 종족과 언어, 문화와 예술이 모인 실험의 장소다. 세계인과의 교류가 이뤄지고, 첨단 유행이 시작되며, 개방된 이질적 사고가 섞이고, 꿈과 야망으로 도전하는 무대다. 젊다면, 젊어지고 싶다면 젊음의 도시, 뉴욕부터 가고 싶은 것은 당연하다.

도대체 실제의 뉴욕은 어떤 도시일까. 캘리포니아에서 2년 정도 살다 온 적이 있지만, 뉴욕을 첫 방문한 것은 2009년이었다. 멀리서 도시의 윤곽이 나타났을 때, 마치 오랫동안 짝사랑해 온 상대를 만나는 것 같았다. 치솟은 빌딩숲은 두근거리는 심장박동수를 보여주는 막대그래프처럼 보였다. 그동안 알게 모르게 축적된 정보와 이미지, 환상이 만들어 낸 효과였다.

작은애가 고등학교 1학년 때 필라델피아로 유학 갔고, 대학을 뉴욕에서 다닌 덕에 7년간 뉴욕을 방문할 기회를 가졌다. 몇 주 혹은 한두 달씩 머물며 거리를 누볐다. 아침 먹고 길을 나서 관광명소를 찾기도 하고, 스트리트와 애비뉴를 무작정 걷기도 했다. 다리가 부어도 파스를 붙인 채 걷고 또 걸었다. 성지의 순례길을 걷듯, 속세의 골목길을 걸었다. 성지순례에서는 깨달음이 크겠지만, 속세의 중심도 일깨움이 많았다.

뉴욕은 최고 인기 피사체이기도 하다. 풍부한 자극으로 시선이 바빠지고, 사진 찍고 싶은 광경이 이어진다. 거리에는 커다란 카메라를 사방으로 들이대는 사람들이 넘친다. 나도 수없이 카메라 셔터를 누르면서 속으로 디지털 시대인 것이 고마웠다. 걸으면서 대충 찍은 사진이 의외의 재미를 주는 풍경을 담고 있기도 했다.

뉴욕에 관한 책은 넘친다. 관광 안내서와 여행기, 역사와 문화에 대한 것까지 수도 없다. 아마도 뉴욕에 관한 책의 숫자는 다른 어느 도시에 관한 책보다 압도적일 것이다. 이런 상황에서 나도 하나를 더 보탤 수 있을까, 회의가 일기도 했다. 그러나 안에서 솟아나는 뉴욕에 대한 질문과 나름의 해석을 글로 표현하고 싶은 마음을 억누를 수가 없었다. 뉴욕은 역시 꿈을 꾸도록 부채질하는 재주가 있다.

이 책은 관광 안내서가 아니라 뉴욕에서 지내며 생긴 의문을 풀어 가는 이야기다. 무엇이 뉴욕의 매력이고 단점인지, 무엇이 우리 문화와 비슷하거나 다른지 탐험하고자 했다. 내용은 뉴욕의 생활, 사람, 음식, 예술, 패션으로 나누어 다루었다. 뉴욕에 대한 호기심을 지닌 이들에게 이 책이 그 문화의 구석을 이해하기 위한 작은 밑그림이 되었으면 한다. 그로 인해 독자도 자신만의 질문을 발전시킬 수 있으면 좋겠다.

2018년 겨울에
최 이 안

## 사람

## 음식

## 예술

# 5 패션

# 1

## 생활

미국도 대도시를 벗어나면 조용하기 그지없어 아래층 부엌에서 누가 몰래 음식을 꺼내 먹는지 알 수 있을 정도고, 아직도 토끼와 사슴, 코요테가 고요한 발걸음으로 주택가에 자주 나타나는 곳이 많다. 그러나 뉴욕은 다르다. 빠르게 돌아가는 거대한 각종 기계음을 듣고 있으면 심장 박동이 급해진다. 머리가 빙빙 돈다. 혈류의 속도도 증가한다. 이곳에 살면 인생의 시속이 다른 곳보다 서너 배 빨라진다. 긴장과 흥분, 초조와 강박이 온몸을 지배한다. 경쟁을 채찍질하는 환경 속에서 심장과 위장, 혈류와 신경계는 부담을 느낀다.

# 이렇게 시끄러운 곳에서 어떻게 살까

　세상에서 가장 시끄러운 도시는 뉴욕이다. 무지하게 시끄럽다. 상상을 넘는다. 건물 공사 현장의 굴착기, 버스와 승용차 엔진과 경적에 응급차와 경찰차, 소방차의 사이렌에서 나오는 소리가 엉키고 뭉쳐 거대한 소음을 만든다. 붕붕, 빵빵, 덜컥덜컥, 왱왱, 치르륵거리는 소리가 귀를 끝없이 공격한다.

　한밤중에도 그 소음은 여전하다. 건물은 높고, 길은 좁아서 소리가 빠져나가지 못하고 안에서 맴돌며 울려 더 요란하다. 집들도 지은 지 오래된 것이 많아 방음이 부실하다. 베란다는 없고, 얇은 유리창은 길거리 소음을 막기에는 역부족이다. 자려고 누우면 누가 다쳤나, 무슨 사건이 일어났나, 어디서 불이 났나, 헤아리다가 그냥 소음을 자장가로 삼아야 한다. 시끄럽다고 정신이 더 말똥해지면 불면증에 시달리기 십상이다.

영국 작가 오스카 와일드는 1883년 미국 여행에서 돌아온 뒤 강연에서 "미국은 현존하는 나라 중 가장 소음이 심하다. 미국인들은 아침에 나이팅게일의 노랫소리가 아니라 증기 기관차의 기적 소리에 눈을 뜬다."라고 했다. 백여 년 전 그도 역시 미국 도시의 소음에 놀랐나 보다.

미국도 대도시를 벗어나면 조용하기 그지없어 아래층 부엌에서 누가 몰래 음식을 꺼내 먹는지 알 수 있을 정도고, 아직도 토끼와 사슴, 코요테가 고요한 발걸음으로 주택가에 자주 나타나는 곳이 많다. 그러나 뉴욕은 다르다. 빠르게 돌아가는 거대한 각종 기계음을 듣고 있으면 심장 박동이 급해진다. 머리가 빙빙 돈다. 혈류의 속도도 증가한다. 이곳에 살면 인생의 시속이 다른 곳보다 서너 배 빨라진다. 긴장과 흥분, 초조와 강박이 온몸을 지배한다. 경쟁을 채찍질하는 환경 속에서 심장과 위장, 혈류와 신경계는 부담을 느낀다.

소음의 종류에는 '백색 소음'과 '컬러 소음'이 있다고 한다. 비교적 넓은 음폭인 백색 소음으로는 빗소리, 파도와 시냇물 흐르는 소리, 나뭇가지가 바람에 스치는 소리, 귀뚜라미와 새소리가 있는데 심리적 안정감을 주는 자연음이다. 백색은 '없음'을 의미하기도 하니 백색 소음은 불쾌함이 없는 소리라 할 수 있다.

특정 음높이를 유지하는 컬러 소음은 백색 소음과 반대로 짜증을 유발하는 소리다. 대도시의 거리 소음은 컬러 중에서도 흑색일 것이다. 온갖 기계들은 시커먼 석유를 먹고 소리를 지르니까 블랙 소음이 될 수밖에 없다.

도시인이 시골 사람보다 초조하고 예민하며 신경질적인 이유에 소음도 한몫한다. 시골에서 태어나고 자란 사람은 그 따분한 지루함을 못 이겨 도시로 나온다. 시골 생활을 해 본 사람은 도시의 활기를 만끽하고, 도시 생활을 해 본 사람은 시골의 한적함을 즐긴다. 부자 뉴요커들은 주중엔 맨해튼에서 지내고, 주말엔 롱비치나 햄튼의 별장에서 지낸다. 도시와 시골 두 곳의 장점을 누리려는 꿈은 누구에게나 있다.

도시인은 어느 정도 소음 중독 상태다. 혼자 사는 사람은 중독이 더 심하다. 창밖의 소음을 밖에서 어떤 활동이 이루어지고 있음의 증거로 받아들여 혼자가 아니라는 위안으로 삼기도 한다. 집 안에 들어서자마자 라디오나 TV를 켜지 않으면 불안하다는 사람도 많다. 심리학자 칼 융은 소리 내는 가전제품이 "우리 시대의 정신적 방황과 함께 같은 방향으로 가는 뿌리가 깊은 악마"라고 했다. 호숫가 집에 머물며 고독과 침묵 속에서 자기 인식에 몰두했던 그로서는 당연한 성찰이다.

현대의 소음은 우리의 관심을 끊임없이 외부로 향하도록 자극한다. 세상 소식과 유행 음악을 들려주고, 도로 위 차량의 종류를 추측하게 하고, 밖에서 어떤 상황이 벌어지는지 가늠하게 한다. 그것들은 눈과 귀, 생각을 사로잡아 우리가 자신에게 집중할 시간을 허락하지 않는다. 자신과의 대면이 두려운 사람에겐 필요악인 셈이다.

근교 신도시에 살면서 어쩌다 서울만 나가도 머리가 띵한데 뉴욕에 오면 놀라서 정신이 번쩍 든다. 쉬지 못하게, 나태하지 않도록 몰아치는 소리들과 빠른 흐름에 맞추느라 걸음도 빨라지고 무언가 해야 한다. 요란한 소음 속에서 사람들과 부대끼면서 거리를 걷고 있으면 중요한 일을 위해 어딘가로 바삐 가야 할 것 같은 강박이 든다. 뉴요커들은 경적을 울렸다고, 사이렌 소리가 너무 크다고 투덜대거나 소송을 안 하는 걸까. 서울 사람들은 어느 정도까지의 번잡을 견딜 수 있을까. 서울의 면적은 맨해튼보다 넓으니 별걱정 안 해도 될까.

서울이 더 발달된 허브도시가 되려면 다민족 사람들이 모이는 것을 마다하지 않아야 한다. 타민족 사람들과 자연스럽게 어울리면서 국제화된 도시로 거듭날 것인지, 그냥 우리끼리 살면서 적정한 규모의 개방만 할 것인지는 선택의 문제다. 외국인들이 서울에 얼마만큼 매력을 느낄 수 있을지도 중요하다. 사람이 모일수록 서울도 더 시끄러워질 테지만 도시의 소음지수는 인기지수와 비례하니 어쩔 수가 없다. 뉴욕에서 어떤 컵케이크가 인기인지 화제일 정도로 뉴욕의 흐름에 민감한 서울 사람들이 어디까지 뉴욕을 따라갈지 알 수 없다.

요즘은 서울 거리에서도 외국인을 자주 접할 수 있다. 젊은이를 빨아들이는 것은 역시 문화의 이미지다. 뉴욕 문화 때문에 세계 젊은이들이 열광하듯, 한류문화의 인기 때문에 서울로 유학이나 관광을 오는 외국 젊은이가 늘었다. 문화 외에도 개방성과 편의성 여부가 서울의 국제지수를 좌우할 것이다. 우리나라 젊은이들도 활발히 외국을 방문하고 있다. 그들이 외국에서 느끼고 경험한 모든 것이 서울을 더 매력적인 도시로 만드는 데 도움을 줄 것이다.

젊은이들이 가장 가고 싶어 하는 도시인 뉴욕이 세상에서 젊은이들이 가장 많은 도시인 것은 당연하다. 여기는 성공과 도전에 대한 독기로 단단히 무장한 사람에게 어울리는 곳이다. 피가 뜨겁고 빨리 돌아가는 젊은이들에게는 이곳의 소음과 속도가 하드록 음악의 비트처럼 체질에 맞을 수 있겠다. 나도 젊어선 'Fox on the run', 'More than a feeling', 'Highway star' 같은 하드록 깨나 들었다. 요즘도 어쩌다 그런 노래가 나오면 적혈구들이 일어서는 것이 느껴진다. 공항에서 내려 맨해튼에 들어서면 록 음악 공연장에 온 듯 가슴이 뛰기 시작한다.

이민지의 나라인 미국은 전에는 다양한 문화를 한꺼번에 '끓는 솥'에 집어넣어 한 가지 맛으로 만들려고 했지만 별 효과를 못 보았고, 이제는 다양한 문화를 '샐러드 그릇'에 넣어 섞지만 재료들이 제맛을 지니게 하는 정책을 쓴다. 몰려드는 인종의 종류만큼 다양한 다문화가 섞여 빚어내는 개성과 조화야말로 뉴욕의 힘이다.

시끄럽고 복잡하기는 하지만 이런 축소판 지구촌이 흥미롭지 않을 수 있겠는가. 사람은 점점 몰리고 뉴욕은 더 시끄러워질 것이다. 최악의 상황에서도 장점을 찾는 건 가능하다. 여기서는 밖의 소음이 워낙 크니 층간 소음은 아무렇지도 않을 것 같다.

# 서브렛을 얻는 이유가 무엇일까

서브렛(Sublet)은 월세로 집을 얻은 후, 다른 사람에게 집 혹은 방을 일시적으로 세놓는 것을 말한다. 뉴욕에서 유학 중인 학생들이 방학 동안 집을 비울 때 몇 주 동안 2차로 세를 놓는 경우가 많다. 젊은이들은 여러 명이 한집에서 방 하나도 아닌 한구석 잠자리를 차지하는 대가로 각자 몇 백 불씩 내놓고 생활하기도 한다. 이를 한국인에게 중개해 주는 사이트도 있다. 서브렛은 월세가 비싼 지역에서 볼 수 있는 현상이다. 무엇이든 소유하는 대신 빌려 쓰는 공유경제의 시대가 왔다. 공유로 소유욕과 사생활 노출을 포기하는 대신 돈을 절약하는 것이다.

맨해튼에서 살고 싶으면 비싸지만 좁고 낡은 집에서 살 각오를 해야 한다. 젊은이들은 그래도 뉴욕이 좋다며 어떻게 해서든 이곳에서 살고자 발버둥을 친다. 오스트리아 호프부르크 왕궁에 2,600개의 방이 있는 이유는 새 황제가 새 방을 사용해야 하기 때문에 증축된 결과다. 이런 사치를 할 여유는 안 될지라도 부모 집에서 자신만의 방 하나 정도는 차지했던 사람도 뉴욕에 오면 욕심을 내려놔야 한다.

월세로 옮겨 다니는 뜨내기들이 집을 사용하다 보니 창틀이나 화장실 구석의 먼지와 때는 손을 댈 수 없을 정도다. 그래도 젊은이들은 뉴욕에 있어야 세상의 중심에 있다고 생각한다. 고향의 널찍하고 편리한 자신의 방을 비워 두고, 뉴욕의 한구석에서 웅크리며 자도 그들은 개의치 않는다.

검은 창틀의 어떤 삼층집은 '세상에서 가장 작은 집'이란 별명을 지녔다. 들어가 본 적은 없지만 얼마나 좁은지 창문 너비로 알 수 있다. 아마 그 집은 뉴욕에서 가장 작은 집일 테지만, 미국인들은 무엇에나 '세상에서'라는 단어를 즐겨 쓴다. '미국 최고의 미인'은 '세계 최고의 미인'이 되는 식이다. 미국이 최고라는 인식이 그만큼 강하나. 하긴 세계 각지의 이민자들이 모였고, 경제 규모나 땅 크기로 볼 때 그럴 만도 하다.

민박집에 가 보면 현대의 주택에서 구경하기 힘든 구조를 볼 수 있다. 첼시 지역의 한 4층짜리 민박집은 건물의 거리 쪽은 좁고 그 뒤로 긴 형태다. 한 층에 작은 방이 3개에 부엌이 있는데 실평수는 15평 정도 된다. 안방 욕실은 하도 좁아 몸을 돌리기도 힘들고, 세면대도 세로 폭이 20㎝밖에 안 되어 손만 간신히 씻을 수 있다. 맨해튼에 자리 잡은 백여 년 전 초창기 주민들의 주거 상황이 그대로 남아 있다.

이처럼 오래된 건물들이 곳곳에 아직도 건재하고, 뉴욕시의 특정 지역은 역사보존지구로 선정되어 외관을 마음대로 고칠 수가 없다. 살기에 불편한 섬이 많지만, 내구성에는 문제가 없으니 참고 견디는 것일까. 겉으로 보기에는 고색창연한 멋도 있고, 앞으로도 몇백 년은 더 거뜬히 버틸 수 있을 것 같다.

서울에는 100년 이상 보존할 가치가 있는 건물이 얼마나 될까. 백 년 이상을 버틸 수 있는 건물은 많을까. 전국에 즐비한 아파트는 30년이면 주민들이 지겨워한다. 저층 아파트를 고층으로 올리면 이득이 남지만, 고층은 용적률 때문에 재건축이 어렵다. 아파트들이 고층으로 재건축되면 뉴욕처럼 100년 이상 사용해야 할지도 모른다. 최신의 설비로 눈이 혹할 정도로 번듯하게 꾸며 놓은 집도 언젠가 구식이 되는 것은 피할 수 없다. 뉴욕의 아파트는 낡아도 수요가 넘친다.

뉴욕의 집들이 오래되다 보니 쥐들도 인간 못지않게 굳건히 자리 잡고 산다. 공원에서도 쥐들이 땅에 파 놓은 구멍을 통해 유유히 들락거린다. 뉴욕에는 당연히 사람보다 많은 수의 쥐가 산다. 하수구 배관이나 방문 아래 틈새로 쥐가 들어와 기겁하는 일도 흔하다. 쥐가 나올 만한 구멍을 찾아서 막아 주는 것도 건물 관리인의 일과다.

생활용품점에서는 쥐를 잡기 위한 각종 도구를 판다. 기구 위에 치즈를 올려놓아 쥐가 오면 발을 잡는 것, 피넛버터로 유인해 전기

충격을 주는 것, 끈끈이가 발바닥에 붙어 꼼짝 못하게 하는 것, 쥐
가 싫어하는 소리를 내는 기구 등 아이디어 상품이 가득하다. 쥐도
뉴욕이 좋을까. 하긴 인간 주위에 먹을 것이 많으니 사람 많은 뉴욕
이 쥐들도 좋은가 보다. 낡은 집이거나, 청소와 음식물 처리에 게
으른 가구를 쥐는 희한하게 파고든다. 쥐들은 돈도 안 내고 서브렛
을 한다.

# 녹슨 공장과 철로를
## 어떻게
## 바꾸었을까

첼시 마켓은 나비스코 비스킷 공장을 개조한 시장이다. 건물 안에는 철근이 드러나 있고, 육중한 벽들은 우중충하다. 공장의 역사를 보여 주는 전시물 중에는 우리에게 친숙한 오레오 쿠키도 있다. 칸마다 케이크, 비스킷, 식료품, 아이스크림, 빵, 수프, 해산물, 옷, 장신구 등을 파는 가게가 들어서 있다. 공장 특유의 분위기를 음식 테마파크처럼 살려 활용한 점이 돋보인다.

물건 가격은 공장 가격이 아니다. 시장의 물건 가격은 저렴해야 한다는 고정관념을 가진 사람이라면 실망할 수밖에 없다. 종이컵에 담아 주는 클램 차우더를 먹었는데 크림수프 속의 조갯살이 탱탱하다. 쪄낸 바다가재를 먹는 사람도 보이는데 고개도 들지 않고 먹기에 열중해 있다. 여기는 가격보다는 싱싱한 맛으로 승부하는 시장이다.

첼시 마켓과 연결된 하이라인은 더 이상 사용하지 않는 3, 4층 높이의 철로를 개조해 만든 공원이다. 주민들의 요구에 의해 이 철로는 공원으로 거듭났다. 나무판이 깔린 산책로 위에 선베드와 의자, 벤치가 있어서 걷다가 힘들면 앉거나 누워서 쉴 수 있다. 식사와 아이스크림을 파는 공간도 있다. 관광철에는 여행자들이 철로를 점령해 빨리 걷기가 힘들 정도다. 걸으면서 허드슨 강을 바라보거나 첼시 지역 건물 너머 시내를 바라보는 경치가 독특하다. 그리 높지 않은 건물들과는 눈을 맞출 수 있는 높이고, 거리를 내려다보기에도 적당하다. 붉은 벽돌이 많이 사용된 이 지역 건물은 화려하지 않고 낡았지만, 고풍스럽고 어딘지 무시할 수 없는 분위기를 지니고 있다.

저녁 늦게까지도 산책로를 걷는 행렬은 이어진다. 자동차 소음이 가까이 들리고, 인파가 북적이는 가운데, 경쟁적으로 차지한 자리에서 어렵게 마련한 시간을 보내는 사람들. 그들의 표정은 꽤 지친 듯하다. 저녁에 이성 혹은 동성의 연인끼리 나와 선베드에 누워 함께 노을 지는 하늘을 바라보는 그들에게서 도시인의 애틋한 여유를 본다. 바닷가 휴양지의 완벽한 여유가 아니라 인공적 노력으로 이루어진 반쯤의 여유를.

첼시 마켓과 하이라인의 공통점은 둘 다 재활용된 장소라는 것이다. 환경보호 문제가 이 시대의 이슈가 된 탓에 두 장소는 뉴욕의 성공적 재활용 사례를 보여 주는 공간이 되었다. 공장은 개성 있는 상가가 되고, 철로는 색다른 공원이 되었다. 오래되고 못 쓰는 구조물을 허물기만 할 것이 아니라 어떻게 하면 독특하게 이용할지 생각해야 개념 있는 도시가 된다.

철로가 공원이 된 예는 파리에도 있다. 바스티유 광장에서 멀지 않은 플랑테 산책로도 철로였다. 주택가의 이 산책로는 주민들만 가끔 오갈 뿐 한산하다. 외진 지역에 있어서 관광객이 일부러 찾아가지 않는 것일까. 첼시 마켓 같은 상가가 붙어 있지도 않기 때문인 것 같다. 재활용된 철로 공원 하나 보자고 관광객이 빠듯한 시간을 내기는 힘들다.

서울역 부근의 옛 철로를 공원으로 개조하는 일도 우여곡절 끝에 성사되었다. 남대문 시장 상인들의 반대가 있었지만, 첼시 마켓과 하이라인처럼 시장과 철로 공원이 서로 시너지 효과를 냈으면 한다. 서울의 중심부에 있기에 관광객의 접근성도 좋아 새로운 관광 명소가 될 가능성이 있다. 남대문 시장을 돌아다니다 다리가 아플 때 떡볶이나 순대 한 접시 사 들고 철로 공원에 앉아 주변 건물과 사람들을 감상하면 좋을 것 같다.

옛것을 많이 살려야 역사에 깃든 이야깃거리가 많아지고 사람들의 호기심도 자극한다. 옛이야기 싫어하는 사람은 별로 없다. 이런 이야기와 자취를 찾아가는 것이 여행이다. 여행 명소에 얽힌 이야기는 동심과 상상력을 자극해 현실을 잊게 만든다.

역사적 장소의 재활용은 새로운 추세다. 허물고 버릴 것도 다시 보며 '재활용'이란 키워드를 놓고 숙고할 일이다. 우리에겐 별것 아니지만 외국인에게는 신기한 것들이 많다. 하지만 모든 것을 재활용할 수는 없으니 선별하는 지혜가 필요하다. 살림할 때도 물건 정

리하는 것은 어렵다. 옷가지 하나를 놓고도 고민한다. 버릴까, 놔
둘까, 재활용할까. 결정하는 것은 언제나 쉽지 않다.

1 · 생활

# 고물의 미래는 무엇인가

'Hell's Kitchen', '지옥의 부엌'이 연상시키는 이미지는 무엇일까. 지저분하고 약간 으스스한 분위기일 것이다. 그런 이름에 걸맞게 이 벼룩시장에서는 어디선가 벼룩이 금방이라도 튀어나올 듯하다. 하긴 중고품이 널려 있는 만큼 깔끔하고 산뜻하기를 바랄 수는 없다. 센트럴파크 아래 서쪽에 위치한 이 지역은 19세기 중반 산업 발전기의 중심지였는데, 당시 갱단이 이 지역에 자주 나타나 '미국에서 가장 위험한 지역'이라는 의미에서 이런 이름이 붙었다고 한다.

주변 환경은 아직 정돈되지 않은 느낌이다. 시장에는 입던 옷, 집시풍의 장신구, 탈과 가면, 코카콜라 유리병, 오래된 레코드판, 싸구려 신발과 핸드백, 쓰던 가구, 손때 묻은 실내 장식품, 변색된 방문 고리, 낡은 창틀, 거리 화가의 그림이 진열되어 있다. 저런 것을 누가 돈 주고 살까 싶은 물건이 대부분이지만, 다른 나라의 고물을 구경하는 재미는 있다. 그 나라 사람들의 고물은 생활을 엿볼 수 있는 창이다. 지나가던 사람들이 기웃거리는 것을 보면 여기 사람들은 중고품에 대한 거부감이 별로 없는 것 같다.

1990년대 초, 멕시코에 살 때 남편이 골동품 가게에서 촛대를 사 온 적이 있다. 동으로 만든 것으로 1미터 가까이 되는 높이에 세월의 때가 시커멓게 묻고, 휘어진 데다 촛농까지 묻어 있었다. 그야말로 지옥에서나 필요할 촛대였다. 나는 기분이 나빠 난처한 표정을 지었다. 집 안에 놓으면 분위기를 망칠 것 같아 안 보이는 곳에 감춰 두었더니 남편은 비싸게 산 것이라며 정색을 했다. 하지만 아무리 비싸고 귀해도 싫은 것은 할 수 없다. 그 촛대는 내내 빛을 못 보다 몇 년 후 집에서 퇴출되었다. 앤티크 가구를 좋아하는 사람도 있지만, 그 촛대에 질려 난 항상 새 가구를 선호한다.

한국인은 중고품을 별로 좋아하지 않는다. 집안에서 내려오는 것은 소중히 여기지만, 남이 쓰던 것은 꺼린다. 사용하던 사람의 손때나 감정이 흡수된 물건은 옛 주인의 기를 지니고 있다고 생각해 혹시 그 물건이 나쁜 기를 내뿜으면 어쩌나 하는 우려 때문이다. 우리 동네에도 얼마 전 주말 벼룩시장이 열린다고 해서 가 보니 고물은 없고 새것뿐이다. 집에서 만든 잼이나 쿠키, 천 가방과 지갑, 귀고리와 반지 등이 산뜻하게 놓여 있다. 벼룩은 한 마리도 없을 분위기였다.

서울 인사동에는 골동품 상점이 많다. 물건은 고물을 넘어 골동품 단계로 가면 대접이 달라진다. 그렇다고 골동품이 될 때까지 몇 대에 걸쳐 고물을 들고 있기는 쉬운 일이 아니다. 황학동 벼룩시장도 유명한데 미술가들이 설치 작품용으로 구입하거나 아이디어를 얻기 위해 자주 들른다. 길바닥에도 물건들이 널브러져 있었는데, 진열 방식을 구경하기 좋게 바꾸면 사람들이 더 많이 모일 것 같다.

미국에서는 벼룩시장처럼 잡다한 생활용품을 파는 시장이 주말에 열린다. 주말시장에서 물건을 파는 한국인도 많다. 액세서리를 파는 어느 한인 할머니의 이야기에 의하면 백인은 물건 값을 상인이 부르는 대로 다 주고, 중남미 출신인은 세 차례, 즉 흥정할 때, 돈 낼 때, 잔돈 받을 때 깎는다고 한다. 아무래도 백인의 평균 소득이 높으니 그럴 만도 하다. 그럼 세 차례에 걸쳐서 원하는 대로 값을 깎아 주느냐고 물으니 너무 절실해 보여서 깎아 준단다. 벼룩의 간을 빼먹는 사람은 상인과 손님 중 어느 쪽일까.

# 쓰레기통
## 인심은
## 어디까지일까

뉴욕은 쓰레기통 인심이 후하다. 커피숍의 테이크아웃용 종이컵과 음식점의 일회용 용기만 해도 미국은 쓰레기 배출양이 엄청나다. 세계 제1의 쓰레기 배출국답다. 길거리 곳곳에는 커다란 쓰레기통이 놓여 있다. 버리는 것이 공짜니까 마음놓고 쓰레기 한 무더기를 가까운 휴지통에 던진다.

뉴욕의 특징은 거리에서 먹고 마시는 사람이 많다는 것이다. 식당에 가면 종업원에게 주는 팁이 음식 값의 15% 이상이니 간편식을 사 와서 같이 먹는 사람, 혼자이거나 바빠서 음식을 테이크아웃해 온 사람, 집에서 샌드위치를 싸 온 사람들로 점심시간엔 공원과 거리가 야외 식당이 된다. 먹은 후엔 엄청난 부피의 포장재와 쓰레기가 생긴다. 불경기일수록 쓰레기는 증가할 텐데 휴지통이 보이지 않는다면 불만이 폭발할 것 같다.

　눈만 돌리면 보이는 휴지통과는 달리 화장실 찾기는 보물찾기처럼 어렵다. 백화점이나 박물관, 도서관 같은 공공장소에서도 화장실은 구석에 꼭꼭 숨어 있다. 쉽게 찾지 못하도록 건물 설계 당시부터 머리를 짜내어 고안된 것이 틀림없다. 엄청나게 몰리는 관광객들에게 모두 호의를 베풀기는 어려울 법도 하지만, 화장실이 급할 땐 초긴장 상태가 되고 건물 설계자가 미워진다.

　길 가다가 화장실에 가고 싶으면 커피숍이나 햄버거 가게에서 무언가 사 먹고 열쇠를 받아 화장실에 가야 한다. 대부분 화장실이 하나라 도심의 가게에서는 관광객들이 길게 줄을 서 있는 경우가 많다. 화장실의 위치도 종업원의 감시가 닿는 곳에 있어서 공짜로 화장실을 이용하기에는 눈치가 보인다.

　화장실이 여러 개 있는 곳의 칸막이는 대개 아랫부분이 트여 있다. 기어서 옆 칸으로 갈 수도 있을 정도다. 범죄 예방을 위해 옆 칸에 사람이 있는지 확인하기 쉽게 하려고 그런 것 같다. 미국에서는 화장실에서 범죄가 발생하면 건물주가 배상하는 경우가 많다고 하니 화장실 공개에 인색할 수밖에 없다.

　한국에서는 쓰레기 종량제가 실시된 이후 쓰레기통 찾기가 어려워졌다. 버리려면 돈이 드니 쓰레기가 생기는 것을 모두 꺼린다. 어떤 때는 휴지 하나 버리려고 몇 백 미터를 걸어가야 할 때도 있고, 휴지통을 찾다 못해 그냥 가방에 휴지를 담아 집에 오는 일도 잦다. 쓰레기통이 부족해 평소 쌓인 화가 폭발한 현장을 본 적이 있다. 여의도 불꽃놀이가 끝난 후 사람들이 거리에 버리고 간 쓰레기 더미를 보며 그간 쌓인 분노 지수를 보는 것 같아 두려웠다.

쓰레기통에 비해 서울의 화장실 인심은 정말 후하다. 어딜 가도 쉽게 공짜로 화장실을 이용할 수 있다. 지방자치제 이후 아름다운 화장실 대회가 생기더니 고속도로 휴게소 화장실은 서로 치열한 경쟁 중이다. 쾌적하고 깨끗해서 더 오래 머물고 싶은 화장실도 있을 정도다. 휴지도 넉넉히 장전되어 있다. '비치된 휴지를 가져가지 마시오'라는 문구가 사라진 것을 보면 국민소득이 높아졌음을 절감한다.

쓰레기통 인심과 화장실 인심, 둘 중 하나를 택하라면? 당연히 화장실 인심이다. 육체적 본능을 참기는 어렵고 건강에도 해롭다. 그리고 화장실에는 쓰레기통도 있으니까.

# 잘되는 가게는 무엇이 다를까

돈 돈, 도는 돈, 돌 돈. 돈만큼 인간 사이를 자주 도는 것도 없다. 상점은 돈이 도는 장소다. 상인은 돈을 끌어들이기 위해 물건들을 효율적으로 진열한다. 진열은 단순히 보여 주는 것에서 그치지 않고 예술의 차원에서 이루어진다. 뉴욕의 쇼윈도는 일종의 설치미술로 소비자의 눈을 사로잡고 감성을 자극한다.

유명한 예술가와의 협동 작업을 통해 고급 이미지를 추구하는 루이뷔통 가게, 유리 건물 1층에서 빙글빙글 도는 계단을 따라 지하로 내려가 IT물건을 체험하게 한 애플사 전시장, 동굴처럼 깜깜한 방마다 옷을 진열한 홀리스터 의류매장, 초콜릿 놀이동산을 이룬 허쉬 가게, 희한하고 요상한 속옷을 파는 빅토리아 시크릿, 해골 모형과 뱀 뼈 같은 이색적 물건을 파는 가게, 상아와 금박 도자기가 즐비한 실내장식품 가게, 주먹 크기 구슬과 깃털로 만든 과감하고 이국적인 장신구 상점, 묘기에 가까운 과일 쌓기 솜씨를 보여 주는 슈퍼마켓이 구경하는 재미를 준다.

메이시스 백화점은 1924년 이후 세계 최대 백화점이었는데 2009년 부산의 신세계 센텀시티에 그 자리를 넘겨주었다. 1829년 메이시라는 사람은 작은 상점을 시작했다. 그것이 백화점이 되어 34번가 현재의 자리에 자리 잡은 후, 뉴요커에게 사랑받는 장소로 남아 있다.

오랜 역사를 자랑하듯 메이시스 백화점은 나무 발판으로 이루어진 백 년 넘은 에스컬레이터를 아직도 운행한다. 미국은 유럽의 오랜 역사를 부러워했지만, 근대 자본주의의 발전을 이끈 미국의 역사도 이제는 보여 줄 것이 많아졌다. 관광객의 눈길을 사로잡는 것은 상점의 규모나 물건의 종류보다 이런 나무로 된 에스컬레이터다. 이것을 없애지 않고 잘 보존해 아직도 운행하는 것은 영업에 도움이 된다. 에스컬레이터를 보려고 백화점을 찾은 손님은 양말 한 켤레라도 살 가능성이 높다.

메이시스 백화점에서 봄에 여는 '시크릿 가든(Secret garden)'이란 제목의 꽃 쇼를 보았다. 1층에 구조물을 설치한 다음 머리 위쪽과 통로에 온통 화초 장식을 해 봄을 알린다. 난초와 수선화, 개나리와 천쭉, 수국이 만발했고, 빨간 장미 드레스를 입은 마네킹의 아래로는 물도 흐른다. 대단한 규모의 꽃들이 동원된 행사다. 황홀하게 꽃을 즐기며 걷다 보니 알림판이 눈에 들어온다. 알레르기를 지닌 사람의 화장법을 시연하는데 이것을 지르텍이 후원한다는 내용이다.

지르텍은 각종 알레르기를 치료하는 약이다. 이 꽃 잔치를 지르텍이 후원한 이유는 고객들이 꽃가루를 맡고 알레르기를 일으키면 약이 많이 팔릴 것을 계산한 속셈인가 보다. 병 주고 약 주는 상술이다. 물론 백화점은 손님 끌어 좋고, 고객은 꽃구경 하니 좋고, 제약사는 돈 벌어 좋은 일석삼조이긴 하다. 그러나 지르텍이 후원했다니 꽃을 바라보는 느낌이 약간 찜찜해져 코를 막으려다가 그냥 꽃을 즐기기로 한다. 즐거워야 면역력이 올라간다지 않는가.

거리에서는 새것, 옛것, 신기한 것, 멋진 것, 괴기한 것, 맛있는 것 등 온갖 물건들이 진열되어 소비자의 눈길을 끌기 위해 안간힘을 쓴다. 세계적 유행을 선도하는 뉴욕에서 상점들을 잘 들여다보면 사람들이 무엇에 관심이 많은지, 무엇을 위해 지갑을 여는지 알 수 있다. 뉴욕에 처음 가면 고층 건물 숲에 놀라고, 다음엔 사람과 물건에 놀란다.

높은 건물과 다양한 사람에 익숙해지면 가게에 들어가 구경하느라 시간 가는 줄 모른다. 뉴욕의 매력은 상당 부분 가게들 덕이다. 서울의 상점들도 보다 개성 있는 진열과 아이디어로 행인들에게 보는 즐거움을 선사해야 한다. 삼청동이나 가로수길, 경리단 길은 아기자기한 재미를 주는 거리다. 시간이 지나면서 거리의 특색은 점점 없어지고 획일화될 가능성이 있다. 흥미로운 가게가 걷고 싶은 도시를 만들고 관광객을 모은다. 거리마다 더 특색 있고 과감하게 쇼윈도를 꾸며야 할 것 같다.

구매는 필요에 의한 것과 불필요하지만 갖고 싶은 것, 두 가지 동기에서 일어난다. 후자의 구매를 일으키려면 감동과 환상이 필수다. 멋진 물건을 보면 감동을 받고, 그 물건을 사용하는 자신을 상상하며 행복에 대한 환상을 꿈꾼다. 여자는 물건으로 인해 자존감이 올라가고, 자신이 더 예뻐져 남자의 사랑을 받는 미래를 그린다. 남자는 비싼 물건으로 여자를 유혹할 수 있고, 새롭고 멋진 물건을 가졌으니 인생이 더 살맛 날 것이라고 믿는다.

어떤 남자는 명품 시계를 차고 미용실에 갔더니 여자를 소개해 주겠다는 제의를 받았다고 한다. 걸친 물건이 사람의 쇼윈도 역할을 하고, 사람의 브랜드를 결정하는 세상이다. 외모로 사람을 판단하지 말라고 하지만, 다른 사람이 가진 물건에 관심이 가는 것은 어쩔 수 없다. 적어도 취향을 판단할 수 있는 지표로서 물건은 중요하다.

물건을 사고파는 치열한 경제의 현장인 가게는 인터넷 구매라는 도전에 직면해 있다. 가게에선 구경만 하고, 구매는 인터넷에서 하는 사람들 때문에 상인들은 힘들어한다. 인터넷 구매가 늘어나는 상황에서 가게는 단순한 물건 진열이 아니라 예술적 감동으로 즉흥적 구매욕을 자극해야 한다. 한시라도 못 참고 물건을 당장 사고 싶도록 하기 위해 쇼윈도는 눈물겨운 노력을 한다.

# 월스트리트만
## 명당일까

　어느 풍수학자는 맨해튼을 천하의 명당으로 평가한다. 우선 맨해튼은 남자의 생식기 모양이고, 양옆으로 이스트 리버와 허드슨 리버라는 두 강이 흐른다. 센트럴 파크는 주산에 해당하고, 퀸즈와 브루클린 지역은 좌청룡, 뉴저지는 우백호이며, 리버티 아일랜드는 안산에 해당한다. 여자에 해당하는 안산에 자유의 여신상까지 서 있으니 기가 막힌 형국이라는 설명이다.

　아랫부분에 위치한 월스트리트는 맨해튼에서도 가장 먼저 발달한 지역이다. 생식기의 끝에 해당하는 이곳은 언제라도 정자 대신 돈을 뿌릴 준비가 되어 있는 듯한 모습이다. 이곳에 미국의 돈, 아니 세계의 돈이 몰려 있다. 초기 이민자들이 인디언의 공격으로부터 자신을 보호하려고 동네에 담을 쌓았기 때문에 월스트리트라는 이름을 얻은 여기에 세계인의 이목은 항상 집중된다. 고층 건물이 빼곡하게 들어찬 모습을 강 건너 브루클린 쪽에서 바라보면 마치 이 땅 위에 왕관을 씌워 놓은 것처럼 보인다.

월스트리트 금융회사 직원의 평균 연봉은 뉴욕 시민 평균 소득의 5배 정도라고 한다. 증권 중개인은 대부분 30대 중반에 은퇴하는데, 더 나이 들면 모험심이 떨어지는 것이 이유다. 젊은 한때 화끈하게 돈 벌어 여유 있게 인생을 즐기는 것이 꿈인 사람이 수두룩하다. 2008년 금융위기의 진원지인 이곳은 인간의 성급하고 무모한 탐심의 결과를 드러내 지탄을 받았다.

서울의 증권가인 여의도도 우연의 일치인지 월스트리트처럼 강물에 둘러싸여 있다. 주변에 좌청룡 우백호는 물론이고 안산 역할을 하는 작은 섬도 있다. 돈은 물가에서 생겨나는 법인가 보다. 여의도에는 국회의사당까지 있어서 나라 전체의 살림도 여기서 결정된다. 여의도는 경제와 정치, 두 측면에서 중대한 지역이니 월스트리트보다 더 막강한 기운이 흐르는 장소인지도 모른다. 명당은 사람이 함께 만들어 가는 것이므로 그만큼 더욱 조심해야 하는 장소다.

월스트리트에서는 거리의 거대한 황소상이 유명하다. 황소는 이곳의 위세를 반영하듯 정력적이고 도발적인 몸짓으로 한껏 힘을 뽐낸다. 누구든지 덤비기만 하면 두 뿔로 단번에 쓰러뜨릴 기세다. 금속 덩어리일 뿐인데도 근처에 가면 다칠까 봐 겁이 난다. 이 황소의 생식기를 만지면 부자가 된다는 속설이 있어서 관광객들이 몰려들어 사진을 찍느라 난리다. 사람들은 남자의 생식기처럼 생긴 맨해튼에서 황소의 생식기를 만지며 벌써 부자가 된 듯 표정이 밝아진다. 고대의 남근 숭배 사상이 현대인에게도 남아 있는 것 같다.

복이란 무엇일까. 옛날에는 자식을 많이 낳는 것이 복이었다. 자식이 많으면 일손 걱정이 없고 당연히 재산도 늘어난다. 일손의 여부로 부자가 되는 것이 아닌 현대에서는 자식을 많이 낳지 않는다. 자식이 많으면 지출이 늘어난다고 겁낸다. 자식 욕심보다 돈 욕심이 더 우세한 세상이다. 돈 좋아하는 현대인은 남근을 만지며 자식을 기원하기보다 부자가 되고 싶은 마음을 드러낸다. 태국에서는 식당 앞에 남근 조각을 놓는데 사업이 벌떡 일어나라는 의미라고 한다. 생명의 근원인 남근이 돈의 근원이 되었다.

월스트리트의 황소상은 원래 어떤 조각가가 게릴라 아트 활동으로 몰래 갖다 놓은 것이라고 한다. 작가의 의도는 황소를 숭배했던 고대인처럼 물질을 숭배하는 현대인을 비꼬기 위한 것이었을까. 작품은 작가의 손을 떠나는 순간, 해석이 관객의 몫으로 넘어간다. 작가의 의도가 무엇이었든, 지금 황소상은 복을 가져다주는 마스코트로서의 역할을 톡톡히 하고 있다. 생식기를 간질이기만 하는 손길들에 황소는 무척 화가 난 듯하다. 이 넘치는 힘을 어이할꼬! 보기에 참 딱하다.

# ▌백 년 넘은 지하철인데 괜찮을까

　뉴욕 지하철역의 입구는 두 사람이 옆으로 나란히 서면 꽉 찰 정도로 좁다. 보도의 폭이 좁으니 그럴 만도 하다. 지하철 시설은 철로 주변에 백 년 이상 묵은 시커먼 먼지가 쌓여 있어 우중충하다. 이렇게 낡은 시설이 아무 탈 없는지 걱정되지만, 오가는 인파를 보며 믿음을 가져 본다. 때로는 어떤 상황 자체보다 그것을 함께 겪는 사람들을 보며 위안을 얻는다.

　주요 역에만 서는 기차가 있고, 모든 역에 정차하는 것이 따로 있어 잘 보고 타야 한다. 지하철 요금은 한 번 타는 데 3달러 정도니 세 명이 가는 경우에 가까운 거리는 택시를 타는 것이나 별 차이가 없다. 뉴욕 지하철은 위험하다는 평이 나 있지만, 막상 타 보면 그리 위험하지는 않다. 승객이 워낙 많은 탓이다. 한밤중에야 어떤지 모르지만.

뉴욕 지하철은 벽화 예술을 감상하고 연주를 들을 수 있는 문화 공간으로서의 역할도 한다. 벽은 주로 타일화로 장식되어 있어 미관에 신경을 많이 썼다. 거리를 나타내는 숫자도 타일 조각을 모자이크 했고, 그 주위를 꽃과 나뭇잎 모양으로 꾸몄다. 수많은 유동 인구를 노리고 노래하거나 구걸하는 사람도 자주 보인다. 본체만체 지나는 사람도, 잠시 멈춰서 노래를 감상하는 사람도, 동전을 모자에 던지고 가는 사람도 있다.

전철 안에서 사람들은 이어폰을 끼고 음악을 듣거나, 아이패드로 책을 읽거나, 좁고 긴 신문을 읽거나, 옆 사람과 이야기를 한다. 서울처럼 모든 사람이 스마트폰을 들여다보진 않는다. 차 안에는 2, 3m 간격으로 기둥이 서 있어 붙잡을 수 있다. 천장 아래의 가로 기둥에는 손잡이들이 달려 있지 않다.

지하철 광고판에는 '양부모 역할을 할 사람을 찾는다.'는 내용, '진드기와 함께 자는 것이 두렵지 않나요?'라며 이불 속에 한 여자가 사람만 한 진드기와 같이 누워 있는 사진을 내건 알레르기 방지용 매트리스 광고, 아이들 무료 급식을 신청하라는 공익광고, 대학의 의료보조인 과정 광고도 있다. 그런가 하면 한 청년이 전철 바깥 문짝에 매달려 있는 사진과 함께 지하철 서핑을 하지 말라며 경고하는 내용도 있다. 그런 모험을 즐기는 이들도 있다니 서울에서는 상상도 못할 일이다.

승객은 대낮에도 대부분 젊은이다. 세계 젊은이들의 수도답다.

그렇지만 한국의 지하철에서 노인과 젊은이 사이에 일어나는 자리 양보에 관한 신경전이 이곳에서도 작용하나 보다. 얼마 전 뉴욕 타임즈 신문의 '메트로폴리탄 다이어리'라는 시민들 일상 이야기 코너에는 다음과 같은 내용이 실렸다.

60세를 앞눈 패티 코스넬로라는 여성은 전철에 서 있을 때 젊은이가 팔을 톡톡 두드리기에 의자를 양보하려는 줄 알고 "아뇨, 괜찮아요."라고 했다. 그런데 그 젊은이의 반응은 "당신의 신문이 나를 건드리고 있어요."였다. 그녀는 그 말에 안도감을 느꼈다고 썼다. 자리 양보를 안 한 젊은이에 대한 실망 대신 아직 자신이 젊어 보인다고 안심했다는 내용이다. 상황을 긍정적인 방향으로 전환시킨 그녀에게서 독립적인 시니어 뉴요커의 모습을 본다. 하긴 당차지 않으면 노인은 뉴욕에서 견디기 힘들 것 같다. 도시가 돌아가는 속도가 보통 노인이 감당하기에는 어지러울 정도니까.

뉴욕 지하철은 1904년 개통되었고, 서울의 지하철은 그보다 70년 뒤인 1974년 개통되었다. 청량리에서 서울역까지가 첫 노선인데 8월 15일 열린 개통식은 광복절과 겹쳤고, 육영수 여사의 피격 사건으로 뒤숭숭한 분위기 속에서 제대로 축하도 받지 못했다. 서울 지하철은 지금도 노선을 확장 중이다. 서울 지하철은 백 년 후에도 계속 확장을 하고 있을까. 뉴욕 지하철의 백 년 후 모습은 그대로일까.

# 브라이언트
## 공원에서 자면
## 어떤 기분일까

　점심때면 뉴요커들은 음식이 든 누런 종이봉투를 들고 먹을 자리를 찾아 헤맨다. 공원 벤치나 건물 근처의 앉을 만한 곳이 식사 장소다. 젊은이들은 공공건물 앞 계단에 앉기도 한다. 특히 사무용 빌딩에 인접한 공원의 주변은 음식 봉투를 든 채 오가는 사람들이 물결을 이룬다. 식당에서 먹으면 팁을 줘야 하고 시간이 오래 걸리니 샌드위치나 햄버거를 사다가 길거리에서 먹는 사람이 많다.

　빵은 야외에서 먹기에 편하다. 밥을 먹는 사람이 더러 보이기는 하지만 대부분의 사람들은 빵 종류를 먹는다. 밥은 물기가 많지만, 빵은 건조하다. 빵은 숟가락이나 젓가락이 필요 없고, 손에 들고 먹으면 된다. 빵 부스러기가 바닥에 떨어지면 새가 주워 먹는다. 자연스럽게 동물 사랑이 실천된다. 기부 문화가 활성화된 것도 부스러져 흩어지는 빵 덕분일까. 그들은 혼자서도 잘 먹는다. 빵의 분산성 때문에 개인주의가 되었나 보다. 밥은 접착성을 지닌 음식이다. 밥이 주식인 우리나라 사람은 집단주의가 강하다. 찰떡처럼 뭉치는 음식을 좋아하며 회식을 즐긴다. 요즘은 쌀 소비가 줄고 밀가루 소비가 증가세다. 성향도 그에 따라 변하고 있다.

6번가에 있는 브라이언트 공원은 공립 도서관 뒤쪽에 있다. 점심시간에 그곳을 지나다 깜짝 놀랐다. 이렇게 많은 사람들이 모여 집단 식사를 하는 광경은 처음 보았다. 사람들이 꽤 널찍한 공원을 가득 메웠는데 거기에는 점심 먹은 사람, 먹는 사람, 먹을 사람만 있었다. 주변의 직장인들이 모두 피크닉을 나온 것처럼 잔디 위나 벤치, 의자에 혼자 혹은 여럿이 앉아 있었다. 일회용 식기를 버릴 휴지통도 곳곳에 큼지막한 것이 넉넉히 마련되어 있었다.

그곳은 내가 점심을 먹을 최적의 장소였다. 나는 숙소에서 아침에 나올 때 잼 바른 빵과 과일을 점심으로 갖고 나온다. 돌아다니며 구경을 하다 점심때가 되면 꺼내 먹는다. 메뉴를 걱정할 필요도 없고 돈도 절약할 수 있어 좋다. 처음 며칠은 사 먹었지만 외식은 하루에 한 끼면 족하다. 다녀 보니 거리에서 먹는 이들이 많아 샌드위치를 갖고 나올 용기가 생겼다. 여기서는 혼자 먹어도 전혀 어색하지 않고, 공원 안의 사람들끼리 식사 행위를 통해 말없이 교감하는 분위기다.

비어 있는 의자 하나를 들고 그늘로 갔다. 바람이 약간 센 편이다. 옆자리의 여자는 '알로', '차오' 하는 말로 보아 이탈리아 출신인 것 같다. 어떤 두 연인은 식사 중에 못한 사랑 확인이 안타까운

지 공항에서 상봉한 것처럼 뽀뽀를 거듭한다. 다리에 깁스를 한 어떤 남자는 돌체 앤 가바나 선글라스를 썼는데 펩시콜라를 마시고 있다. 빨강 머리에 빨간 핸드백을 든 여자가 맞은편에 새로 왔다. 동양계인데 빨간색이 잘 어울린다. 회사 동료들끼리 커피를 마시며 자료를 앞에 놓고 회의를 하는 팀도 있다. 이 사람 저 사람, 구경을 하며 여유 있게 점심을 먹었다.

브라이언트 공원에서의 식사가 너무 인상적이라 며칠 후 점심시간에 다시 갔다. 무화과 잼 바른 빵을 먹고 난 후, 땅콩과 오렌지를 꺼냈다. 1시 반이라 1, 2차 식사 행렬이 지나가고 3차 행렬이 들어온다. 공원 가운데의 잔디밭에서는 웃통 벗은 남자와 비키니 차림의 여자가 일광욕을 한다. 여자는 주위를 의식하지 않고 다리를 들었다 났다 한다. 누워 자는 사람, 요가 하는 사람, 책 읽거나 컴퓨터를 하는 사람도 있고, 어떤 두 남자는 곤봉 6개를 서로 돌리면서 주고받는다.

미국 도시의 땅은 포장된 길 아니면 잔디밭이다. 멍석 대신 잔디를 깔아 놓고 아무나 와서 무엇이든 해 보라고 한다. 먹으라고, 놀라고, 공부하라고, 햇볕 쬐라고. 그 위에서 그들은 자유롭고, 즐겁다. 브라이언트 공원의 사방은 빌딩 숲이다. 밀림 속의 나무처럼 빽빽이 들어찬 건물들은 산소 대신 사람들을 잔디밭에 토해 냈다. 사무실에 갇혀 있다가 점심시간에 탁 트인 야외에서 식사를 하고나면 오후 근무 시간을 더 잘 버틸 것 같다.

잔디는 보기만 해도 싱그럽고 폭신해서 마음을 편안하게 하지만,

내겐 잔디밭에 대한 트라우마가 있다. 어릴 적 잔디밭은 성역이었다. 주로 공공장소에서나 볼 수 있었던 잔디는 소중히 보호해야 하는 대상이어서 못 들어가게 줄을 쳐 놓은 곳이 대부분이었다. 실수로 잔디밭에 들어가면 어디선가 나타난 관리인 아저씨가 호통을 치며 쫓아냈다. 그 기억이 너무 선명해 아직도 잔디를 밟으려면 멈칫한다. 잔디 위에서 뒹굴며 노는 사람들은 특권층이라는 인식이 오래도록 박혀 있었다.

요즘은 우리나라에도 잔디가 흔하다. 아무리 밟아도 누가 뭐라고 하지 않는다. 날씨 좋은 주말이면 공원에서는 가족이나 연인끼리 돗자리나 텐트를 치고 여유를 즐긴다. 서구의 전형적인 평화로운 풍경이 우리나라에서도 흔해졌다. 잔디밭에서 마음껏 자유를 누려도 되건만, 이제는 살인 진드기 때문에 꺼려진다. 이래저래 잔디와 몸으로 친해지기는 어렵다.

"나무에는 희망이 있다. 베어져도 나무는 다시 싹을 틔우고, 부드러운 가지는 솟아난다." 내가 앉은 벤치에는 칼 A. 바트린의 글이 새겨져 있다. 그가 누구인지는 모르겠다. 옆 사람은 식사 후 벤치에서 낮잠을 잔다. 하품처럼 졸음도 전염되는지 나도 갑자기 노곤함을 느낀다. 매일 대여섯 시간 이상 걷느라 다리는 항상 부어 있다. 잠시 누웠다 일어나면 희망처럼, 싹처럼, 새 가지처럼 기운이 날 것 같다.

맨해튼 한복판에 누워 있으니 이곳이 내 집 같다. 벤치는 침대고, 햇볕은 이불이며, 하늘은 천장이고, 빌딩들은 벽이다. 눈 감고 가족 같은 옆 사람들의 수다를 자장가 삼아 잠이 들었다. 배부른 방랑자의 기분이 이럴까. 욕심은 달아나고 평안이 들어온다. 그렇게 1시간을 잤다.

만약 다음에 뉴욕에서 반나절만 지내야 한다면 그 시간을 이 벤치에 와서 보내고 싶다. 여기서 사람들과 함께 식사를 해야지. 피곤하면 낮잠도 자고.

# 컬럼비아대학교 게시판 내용은 무엇일까

컬럼비아대학교 주변은 잘 정돈된 동네라는 느낌을 준다. 도로도 넓찍하고 주위에 유니언신학교와 버나드대학교도 있으며 다른 지역에 비해 한적한 편이다. 학교 앞에는 중고서적을 파는 좌판이 늘어서 있다. 여름방학 기간 중이라 교내는 그리 북적이지 않지만, 학생들이 벤치에서 음료수를 마시기도 하고, 누워서 쉬거나, 엎드린 채 공부하는 모습이 보인다. 한 청년은 그리스 신전 같은 건물 앞 가로등에 기대앉아 노트북을 열심히 들여다본다.

교정 안에는 조각품이 곳곳에 배치되어 있어서 예술적 분위기까지 풍긴다. 좋은 대학의 멋진 환경에서 미래를 꿈꾸며 공부하는 시간, 인생에서 가장 행복한 순간을 그들은 누리고 있다. 대학 교정은 혼잡한 세속에서 분리된 지식의 성소로서 맑은 기운을 내뿜는다. 그

51

안에 머무를 때가 가장 좋을 때라는 걸 졸업 후에 절실히 깨닫는다.

난 큰애가 고등학생일 때 대학원에 등록했다. 5년 동안 다시 학교에 다니며 교문에 들어설 때마다 공기를 가슴 깊이 들이마시곤 했다. 내 인생 제2의 전성기라고 여기고 그 시간을 기꺼이 음미하며 천천히 즐겼다. 성적이나 학위보다도 캠퍼스 안에서 학생 신분으로 지내는 순간순간이 더 소중했다. 여행할 때에도 유명한 대학에 일부러 찾아가 구경을 한다. 학교들은 저마다 개성 있는 분위기를 갖고 있지만, 교정을 방문하면 언제나 마음이 씻기는 기분이 든다.

컬럼비아대학교는 미국이 영국 식민지이던 시절인 1754년 영국 왕 조지 2세에 의해 킹스칼리지로 설립되었다. 동문으로 버락 오바마, 매들린 올브라이트, 워런 버핏, 가수 박정현이 있고, 하버드 다음으로 많은 노벨상 수상자를 배출했다. 학부보다 대학원 중심이라 연구하는 분위기가 공기에 흐른다. 맨해튼에 있다는 이유로 다른 아이비리그 대학 대신 이곳에 입학하는 학생도 많다. 뉴욕의 문화 인프라를 활용할 수 있다는 점이 지원자에게 매력으로 작용한다.

미국의 대학은 세계의 인재를 빨아들여 활용한다. 이것보다 더 큰 경쟁력은 없다. 방학을 이용해 각국에서 부모와 함께 대학 탐방 온 학생들이 단체로 움직이며 사진을 찍기도 한다. 경제적 위상이 높아진 중국에서 온 일행들도 보인다. 그들에게서 안방을 확보하는 듯한 자신감이 느껴진다.

철학 전공 건물 앞으로 가니 로댕의 '생각하는 사람' 조각이 있다. 조각품이 철학에 어울리는 적당한 자리를 차지하고 있다. 조각품

옆 잔디밭에 앉아 노트북을 들여다보는 여학생은 무슨 생각을 하는 것일까. 철학을 전공하는 학생일까. 나도 갑자기 생각하고 철학하고 싶어진다.

아버지의 전공은 철학이었다. 중학교 다닐 때 아이들이 아버지 직업을 물어보면 철학 가르치신다고 답했다. 친구들은 고개를 갸웃거리다가 "그럼 점쟁이셔?" 하고 물었다. 아이들은 길거리에서 본 동양철학관이란 간판을 떠올린 것이다. 점쟁이의 철학도 일종의 철학이겠지만, 나 자신도 철학이 딱히 무엇인지 잘 몰라 설명할 수 없었다. 철학이 뭐냐고 물으면 아버지는 "그렇게 묻는 것이 철학"이라고 답했다.

아버지는 왜 철학을 선택하셨을까. 그것이 더 궁금했다. 책꽂이에서 보았던 칸트와 헤겔, 노자와 장자는 친구 이름만큼 익숙했다. 철학이란 세상의 근본 원리와 삶의 본질을 연구하는 학문이라는 것을 나중에 알게 되었다. 하지만 이런 거창하고 심오한 설명보다는 아버지의 대답처럼 '의문을 품은 생각'이 곧 철학이라고 간단히 여기고 있다. 아버지도 의문이 많은 분이었나 보다.

추억과 생각에 잠겨 돌아다니다 교내 게시판을 보았다. 판 위에는 울긋불긋한 종이들이 붙어 있었다. 가까이서 들여다보니 다음과 같은 내용이다.

- 6개월 전 거리에서 발견된 고양이(예방주사 맞았음)가 살 집을 찾는다. 입양할 사람을 구함.

- 영어 가르침. 입학용 에세이 봐 줌.
- 유전자 연구 모임. 인간 유전자가 느끼고 생각하는 데 어떤 영향을 끼치는지에 초점을 둠.
- 성경 공부 모임.
- 방 2개 아파트, 세입자 구함. 개는 못 키움.
- 에디터가 일자리 구함.
- 불어 선생님이 학생 구함.
- 교내에서 아이 봐 줌. 아동심리학 학위 가졌고, 아이 돌보기 4년 경험 있고, 학교 근처에 살고 있음.
- 피기백(Piggy Back) 배달. 심부름과 배달 서비스. 무엇이나 어느 곳에서부터든지 현관까지 배달.
- 18~35세 사이이신가요? 기억에 관한 실험에 참여할 수 있습니다. 실험은 에드 스미스 박사 실험실에서의 학습과 과제를 포함합니다. 실험은 약 한 시간 반 정도 진행됩니다.
- 신입생 여름 캠프.

게시판 내용을 보니 길 고양이에게 주인을 찾아 주려는 동물 보호 정신이 드러나고, 아이 엄마도 공부하기에 지장이 없는 환경이다. 아이를 교내에서 돌보아 준다니 엄마의 마음을 제대로 읽은 구직이다.

무엇이든 배달한다는 광고처럼 여기서도 배달 서비스가 활성화될 모양이다. 서울에서는 오토바이 퀵 서비스로 음식이나 물건 배달이 빨라서, 외국에서 살게 되면 불편하다고 불평하는 이들이 많다. 서울에서는 빨리, 더 빨리 나르느라 경쟁을 하고 정해진 시간 안에 주문한 것이 못 가면 환불해 준다고 광고한다. 인터넷으로 주문한 것도 배송이 빨라야 후기에서 좋은 점수를 받는다. 게시판에 배달 광고를 붙인 사람은 한국인일지도 모르겠다.

유전자 연구와 성경 공부를 같이하면 가치관 형성에는 어떤 결과를 가져올까. 신학을 연구할수록 과학적 상상력이 풍부해지고, 과학을 연구할수록 신학에 대한 이해가 넓어질 수도 있지 않을까. 세상은 의문투성이다. 한 분야만 알기에도 벅차지만 그렇다고 다른 분야에 대한 관심을 꺼 버리면 곤란하다.

기억에 관한 실험 참여자를 찾는 광고는 대여섯 명이 전화번호를 떼어 갔다. 커피숍보다 시간당 1~2불만 더 줘도 학생들은 달려갈 것이고, 연구에도 참여할 수 있으니 에드 박사의 실험은 지체 없이 진행될 것 같다.

# 왜 그렇게
# 골목길이
# 좁을까

　뉴욕을 첫 방문했을 때, 먼저 시티 투어 버스를 탔다. 낯선 곳은 우선 전체를 한 바퀴 둘러보아야 대략적인 모습을 파악할 수 있기 때문이다. 필라델피아에서 뉴욕으로 가는 시외버스를 타고 도착한 곳은 차이나타운이었다. 거기서 택시를 타고 타임즈 스퀘어 부근에 가서 시티 투어 버스를 탔다. 처음에 놀랐던 것은 물론 셀 수 없이 많은 초고층 건물들이었다. 그러나 이 건물들은 '킹콩'이나 '스파이더맨' 같은 영화에서 많이 보아 예상을 했었다.

　예상치 않은 놀라움은 건물들 사이의 간격에 있었다. 이렇게 높은 건물들이 저렇게 좁은 골목을 사이에 두고 서 있다니. 볼링장의 핀들보다도 가깝게 늘어선 건물들을 보며 왠지 불안감이 들었다. 너무나 촘촘히 빽빽하게 서 있어서 한 건물을 툭 치면 도미노처럼 뉴욕 시내의 모든 건물이 쓰러질 것 같았다. 도시의 역사가 오래된 만큼 예전 도로 크기를 조정하기가 어려웠던 것일까. 옛 도로는 그대로 두고 건물들이 높아지니 이런 현상이 생겼나 보다.

시티 투어 버스의 2층 좌석은 구경하기는 좋은데 추웠다. 좁고 복잡한 길을 따라 내몰려진 바람은 초가을인데도 몹시 사납고 거칠게 느껴졌다. 해안에서 거침없이 불어온 거센 바람이 초고층 건물과 좁은 길이라는 장애물을 만나 신경질을 내는 듯했다. 거리의 온갖 먼지까지도 휘감아 올려 퍼뜨려 눈이 따가웠다.

버스의 안내원은 자리에서 일어서지 말라고 몇 차례 경고를 했다. 일어서면 전깃줄에 머리가 닿을 수 있다고 했다. 실제로 전깃줄은 머리 바로 위에 걸려 있었다. 정리되지 않은 여러 가닥의 전깃줄들 때문에 여간 신경 쓰이지 않았다. 구경하랴, 사진 찍으랴, 설명 들으랴, 전깃줄 조심하랴, 머리카락 정리하랴, 정신이 없었다.

그날 시티 투어 버스를 탔던 때를 생각하면, 놀이공원의 초고속 열차를 탔던 기억이 같이 떠오른다. 뉴욕의 혼잡한 교통 상황과 휘몰아치는 바람, 사람들의 분주한 걸음걸이, 올려다보아야 하는 마천루들 때문에 어지러워 그랬나 보다. 뉴욕의 첫인상은 뱅뱅, 휙휙, 쌩쌩 회오리를 일으켰다.

이곳에선 옆 건물이 사용하지 않는 공중권을 사서 자신의 건물을 더 높이 지을 수 있다. 남의 건물 위 허공을 사고파는 시스템은 창의적 실용성을 보여 준다. 우리나라에서는 이런 공중권 매매가 허용되지 않는다. 서울의 밀집도가 높다 해도 아직 옆의 허공을 살 정도는 아닌가 보다. 맨해튼에서는 허공도 알차게 사용한다.

초고층 건물이 빽빽이 들어차 있으니 대부분의 뉴요커는 집 안에서 햇빛 보기가 힘들다. 답답할 정도로 건물이 붙어 있어서 창이 있어도 창문을 열지 못하는 집도 있고, 맞은편 건물의 방 안이 너무빤히 보여 하루 종일 커튼을 치기도 한다. 그래서 모두들 갠 날은 햇볕 쬐려고 공원에 나와 앉아 있나 보다.

뉴욕의 사무용 건물은 위풍당당하지만, 주거용 건물은 그보다 낮고 작은 평형 아파트가 많다. 맨해튼의 가구 중 절반이 1인 가구다. 예전의 맨해튼 아파트는 최소한 11평이 되어야 했지만, 주택난 때문에 2012년에 8평짜리도 지을 수 있게 허용되었다. 새로 지은 아파트는 시설이 좋지만, 지은 지 백 년 넘은 집도 수두룩하다 보니 현관문도 주로 육중한 철문에 열쇠로 잠근다. 열쇠에서 해방되어 디지털 번호를 누르며 살던 사람에게는 외출할 때마다 열쇠 챙기는 일이 꽤 귀찮다. 급한 성격의 우리나라 사람은 이렇게 오래가는 불편한 집보다는 몇 십 년마다 신식으로 새로 짓는 편을 더 좋아한다.

오래된 건물 중에는 철근을 사용하지 않은 것도 있어 2014년 3월, 127년 된 가스관의 폭발로 이스트 할렘의 아파트가 붕괴되는 사고가 발생한 적이 있다. 그렇지만 일반 건물의 대리석 계단이나 드러난 배관 파이프를 보면 앞으로도 100년은 더 너끈히 버틸 것 같다.

길을 걷다 보면 각종 배관용 쇳덩이를 만난다. 무척 믿음이 가는 모양새다. 보행로의 턱을 두르고 있는 철근도 믿음직하다. 보도블록을 수시로 교체할 일은 없겠다. 어려서 본 큼직하고 묵직한 자물쇠에는 'U. S.'라는 글자가 선명히 박혀 있었다. 그 자물쇠는 집을 튼튼히 지켜 줄 것 같은 안도감을 주었고, 미국 물건은 튼튼하다는 선입관이 박힌 계기가 되었다.

우리나라는 건물과 자동차, 가전제품은 물론 보도블록도 자주 바꾼다. 그래서 경제가 잘 순환되는 것일까. 물건을 너무 내구성 있게 만들면 회사가 망한다는 이야기도 있다. 우리나라 가전제품의 부속품이 8년까지만 생산되는 것도 재구매를 촉진하기 위해서다.

유럽의 몇 백 년 된 집과 보도블록은 관광객 유치로 돈을 번다. 유럽인들은 처음엔 뉴욕의 초고층건물을 벼락부자의 돈 자랑으로 여겼지만, 이젠 현대 문명의 상징인 그 건물들이 세월의 더께를 몸에 얹고 역사가 되어 가고 있음을 부인할 수 없다.

서울에는 초고층 건물이 그리 많지 않고 건물들 사이의 간격도 훨씬 넓다. 잠실의 123층 롯데월드타워는 주위에 비슷한 친구가 없어 외로워 보인다. 요새는 서울보다 부산의 해운대 마린시티 초고층 아파트 단지에 놀란다. 바닷가에 자리 잡은 세련된 디자인의 마천루들을 보고 있으면 격세지감이 든다. 그 위용이 하도 신기해서 부산에 갈 때마다 한참 동안 바라본다.

건물들도 모여 있으면 더 안정감을 주고, 스카이라인도 멋지다. 하지만 모여 있어도 적당한 거리는 필요하다. 맨해튼 건물들처럼 붙어 있으면 불안하다. 사람도 서로 너무 가까이 있으면 불편한 것처럼.

# 9·11
## 테러는
## 잊힐 수 있을까

　2001년 9·11 테러 당시 110층의 월드트레이드센터 빌딩에는 한국을 포함해 90개국 이상 출신의 사람들이 근무하고 있었다. 테러리스트들은 미국을 겨냥했지만, 희생자의 출신 국가는 전 세계라고 해도 과언이 아니다. 이 사건은 그만큼 뉴욕의 개방성과 다양성을 보여 주었다. 이민자의 나라인 미국, 그중에서도 경제의 중심인 뉴욕은 전 세계의 축소판이었다.

　사람들은 월드트레이드센터가 있던 자리를 9·11 사건 이후 '그라운드 제로'라고 부르는데, 주변에는 항상 관광객들이 많이 모여 있다. 월드트레이드센터는 다시 지어졌고, 예전 건물이 있던 장소에는 인공 폭포가 생겼다. 물줄기는 눈물처럼 하염없이 어두운 지하로 흘러내린다. 굉음을 내는 물소리는 고통스러운 심연의 부르짖

음이다. 폭포의 테두리에는 희생자들의 이름이 새겨져 있고, 꽃들이 그 위에 꽂혀 있다. 관광객들의 표정은 다른 장소에서와 달리 숙연하다. 약 3천 명이 희생된 장소니 그럴 수밖에 없다.

그라운드 제로 근처의 교회에서는 희생자들의 사진을 진열한 제단을 유지하고 있다. 사진 속 얼굴들은 너무나도 젊고 발랄하지만, 교회 안을 둘러보는 사람들의 발걸음은 무겁기만 하다. 무역센터가 테러로 붕괴될 때 튕겨 온 철제 기둥은 세인트 폴 교회 쪽으로 날아왔는데 백 년이 넘은 나무에 부딪쳐 교회는 무사했다고 한다. 2005년 한 조각가는 이 나무의 뿌리를 청동으로 떠 붉은 칠을 했다. 흡사 거미 같기도 한 이 조형물은 균형 잡힌 모습으로 뿌리의 아름다움과 당시의 참혹함을 동시에 보여 준다.

골목의 철조망에도 추모 편지와 "Never Forget.", "God bless America!" 같은 문구를 쓴 쪽지가 걸려 있다. 역사를 절대로 잊지 않는 집요함은 미국인의 특징이기도 하다. 그들은 10년이 걸려 빈라덴의 은신처를 찾아내 마침내 복수를 감행했다. 몇 십 년이 흘러도 전사자의 유해 찾기를 포기하지 않는 나라가 미국이다. 은혜도 피해도 그들은 결코 잊지 않는다. 자본주의가 발달하고, 계산에 철저한 그들이기에 받은 것과 뺏긴 것을 기억하여 기어코 갚을 것은 갚고, 대가를 치를 것은 치르게 한다. 봉사정신과 기부문화의 이면에 자리 잡은 이런 정확한 정산의식이 미국의 위력이 아닐까.

링컨센터 부근의 자그마한 민속예술박물관에 갔더니 희생자의 이름과 나이, 성조기 모양 등이 담긴 거대한 퀼트 작품이 전시되어 있었다. 9·11 사건은 21세기가 시작하자마자 세계인들에게 거대한 충격을 주었다. 테러와 그 원인이 된 인간들 간의 증오에 대해 다시 한 번 생각하는 계기가 되기도 했지만, 다툼은 아직도 끝나지 않았다. 9·11 사건으로 인한 상처가 아물기 위해서는 1세기도 모자랄 것 같다.

우리나라는 치욕의 역사를 예전에는 덮어 두려 했지만 이제는 드러내 사람들의 기억을 환기시키고 더 이상 아픔이 반복되지 않도록 하는 쪽으로 바뀌었다. 일본군 위안부 할머니들도 당당히 나서서 피해 사실을 증언할 정도로 인식이 바뀌었다. 유대인은 나치에게 당한 것을 지금도 캐고 있다. 철저한 사실 규명에 대한 집요함이 이스라엘을 유지시킨다. 뉴욕의 언론과 금융, 학문과 예술 방면도 그들의 영향력 아래에 있다. 그들은 과거를 잊지 않고 실패와 고난에서 배워 진보하기 때문에 성공한다. 우리 민족도 한과 끈기를 긍정적으로 발휘해 기적을 이루었다. 과거를 기억하는 능력이 미래의 힘이다.

# 브루클린 다리에 걸린 자물쇠는 몇 개일까

　브루클린 다리는 맨해튼과 브루클린을 연결하는 약 2.7㎞의 다리다. 뉴욕에 여행 온 사람들이 꼭 가 보고 싶어 하는 명소이며, 자신의 버킷 리스트에 브루클린 다리 걷기를 올리는 사람이 많다. 두 개의 거대한 화강암 탑이 아래에서 버티고 있는 이 다리는 건너는 데 40분 정도 걸린다. 아래층은 차들이 다니고, 위층은 사람들이 걸을 수 있다. 보도는 나무로 되어 있고 철 케이블이 양옆으로 나란히 날개를 펼쳤다. 자동차들이 내는 소음으로 조용한 분위기는 아니지만, 맨해튼과 브루클린 양쪽 지역의 고층 빌딩과 바다가 어우러진 풍경은 장관을 연출한다.

　중간 지점에는 다리 건설의 역사가 묘사된 동판이 진열되어 있다. 이 다리는 아버지와 아들, 며느리가 완성시킨 이야기로도 유명하다. 독일 출신 존 로블링은 브리지 설계 후 공사 초기에 배에 부딪혀 발톱을 절단한 후 파상풍으로 사망한다. 아들 워싱턴이 아버지 뒤를 이어 수중공사를 하다가 병을 얻어 움직이지 못하자, 그의 아내인 에밀리가 기계공학을 배워 가며 남편의 지시를 공사장에 전달했다.

1870년 공사가 시작되어 20명 이상의 인명이 희생된 끝에 13년 후인 1883년 다리는 완공되었고, 개통 때 에밀리는 다리 위를 첫 횡단했다. 이듬해에는 다리의 안전을 입증하기 위해 코끼리 21마리가 통과해 사람들의 의구심을 해소했다. 고딕 양식으로 건축된 이 다리는 당시 '세계 8대 불가사의'로 꼽히기도 했다.

난간은 방문자들의 기념 낙서와 사랑을 맹세하는 표현으로 가득하고, 곳곳에 사랑의 자물쇠가 매달려 있다. 2014년 6월 파리에서는 다리에 걸린 자물쇠의 무게로 난간이 무너지는 사고가 일어났다. 유명한 다리들은 자물쇠 무게를 감당하느라 고역을 치른다. 사랑의 자물쇠는 세르비아에서 시작되었다고 한다. 1차 세계대전에 참전한 남자가 변심하자 상심 끝에 죽은 약혼녀를 기리기 위해 소녀들은 그녀가 데이트를 즐기던 다리에 자물쇠를 매달아 변치 않는 사랑을 다짐했다.

브루클린 다리의 난간 한쪽엔 비닐봉지들이 묶여 있다. 자물쇠를 준비하지 못한 연인들이 썩지 않는 비닐봉지로나마 아쉬움을 달랜 것일까. 변덕스러운 애정의 속성을 가벼운 비닐봉지로 비웃기 위함인지도 모르겠다. 비닐봉지는 무게로 인해 다리에 부담을 줄 염려는 없지만, 보기에 깔끔하지 못하다.

이 다리가 완공된 1883년, 우리나라는 미국에 최초의 친선 외교 사절단을 보냈다. 뉴욕을 방문했던 그 일행은 이 다리를 보았을 것이다. 아마 건넜을 가능성도 있다. 이 사절단은 공공기관과 철강 회사, 병원과 학교를 방문했고, 귀국할 때 타작기, 벼 베는 기계, 저울 등 농기구 18종을 구입했다고 한다. 충격적인 선진 문물을 접하고도 고작 농기구만 들여올 수밖에 없었던 것이 우리의 현실이었다. 당시의 사절단은 우리나라도 100여 년 후에 이보다 더 긴 다리를 가질 미래를 상상이나 했을까.

한강에도 걸어서 건널 수 있는 다리가 있지만 사람들은 다리 위로 잘 다니지 않는다. 한강 다리에서 보는 경치는 다른 어느 나라의 강변 경치에 못지않다. 런던과 파리의 도보용 다리 위에도 관광객이 항상 바글거린다. 한강도 관광객을 위한 다리 걷기 코스를 활성화할 때가 되었다.

로블링 가문의 헌신과 열정이 담긴 다리, 고종 때 지어진 다리, 아직도 건재해서 관광객과 주민을 맞고 있는 다리 위에 서서 흐르는 강물을 바라본다. 저 많은 자물쇠에 잠겨 있는 사랑도 다리의 역사처럼 굳건히 지속되려나. 무게가 다리에 부담이 되면 자물쇠는 철거되겠지만, 사랑에 빠진 순간만큼은 자물쇠보다도 더 철석같은 심정일 터이다.

# 루즈벨트 아일랜드는 어떻게 변할까

맨해튼과 퀸즈 지역 사이를 흐르는 이스트리버에 3㎞ 길이에 폭 250m 정도 되는 만년필처럼 생긴 루즈벨트섬이 있다. 루즈벨트섬의 지하철역에서 내려 북쪽으로 걸어가는데 왼쪽으로 보이는 맨해튼에서 자동차 소리가 한꺼번에 모여 웅웅 소리를 낸다. 건물들 사이를 타고 소음들이 올라가 하나의 악기처럼 울리는 소리가 나는 것이다. 한강 정도의 폭을 지닌 이스트리버 위로 유람선과 보트가 가끔 지나간다.

맨해튼과 달리 이 섬은 아주 고요하다. 유치원 아이들과 선생님, 엄마들이 아파트 단지 수영장이나 벤치에 약간 보일 뿐이다. 아이들 키우기에는 이곳이 한적하고 조용해서 좋은 것 같다. 큰 요양병원도 있어서 전동 휠체어에 앉은 채 입에 고무 튜브를 꽂은 할머니

1 · 생활

두 분이 지나간다. 길가 작은 교회의 문은 닫혀 있다.

30도가 넘는 기온이라 덥지만 그늘에만 가면 시원하다. 바람결에 흔들리는 나뭇잎 소리도 더위를 식혀 준다. 맨해튼 쪽을 보고 앉아서 샌드위치를 먹는 동안 지나간 사람은 두어 명뿐이다. 전철 타고 몇 정거장 왔을 뿐인데 느닷없이 나타난 조용한 마을이 낯설기만 하다.

1637년 인디언으로부터 이 섬을 사들인 독일계 미국인은 여기서 돼지를 키웠다. 그 후 브랙웰가가 이 섬을 인수해 농장으로 사용하다가 나중에는 뉴욕시가 주인이 되어 정신병원, 천연두환자 병원, 감옥 등 혐오시설을 두었던 곳이지만, 지금은 이름도 루즈벨트섬으로 바뀌고 고급 주거지가 되어 12,000명 정도의 주민이 거주한다. 코피 아난 전 유엔사무총장과 '섹스 앤드 더 시티'의 주인공인 사라 제시카 파커도 한때 여기에 살았다고 한다. 2010년 통계에 의하면 이곳 인구의 43%는 미국 영토 밖에서 출생했고, 주민의 중간소득은 76,000달러다. 고소득의 새 이민자들이 많이 사는 지역임을 알 수 있다.

이 섬은 프랭클린 루즈벨트 대통령의 이름을 땄다. 미국에는 두 명의 루즈벨트 대통령이 있다. 시어도어 루즈벨트와 프랭클린 루즈벨트는 친척 간이며 프랭클린의 부인인 엘리노어는 시어도어의 조카다. 두 루즈벨트는 하버드대학교 출신에 컬럼비아대학원을 다녔다. 두 사람 다 강인한 성격으로 인생의 시련을 견뎌 내고 미국의 역사에 우뚝 선 인물들이다. 난 두 사람의 정치적 성과보다는 개인적 생활에 관심이 더 간다.

시어도어는 '테디'라는 별명으로 유명한데, 자신의 별명을 좋아하지 않았다. 그는 암살자가 쏜 총에 맞고도 예정된 연설을 90분이나 진행했고, 총탄 제거 수술이 용이하지 않자 이후 총알을 가슴에 담고 살았다. 양복 주머니 속의 연설 원고와 십자가가 총알 공격의 완충 역할을 하지 않았다면 목숨을 잃었을 상황이었다. 가슴에서 흐르는 피를 막아 가며 연설을 하는 것은 보통 사람이라면 상상도 할 수 없는 일이다. 아들과 함께 참여한 전쟁에서 그는 아들을 잃기도 했다. 어머니와 아내가 같은 날 사망해 실의에 빠졌다가 재혼한 그는 신앙심이 깊었다고 한다.

프랭클린 루즈벨트는 39세에 하반신 마비가 되었지만, 정치적 활동을 왕성히 하여 미국의 최장기 집권 대통령이 되었다. 그에게는 아내 외에 애인이 있었다. 이 때문에 부인 엘리노어는 가출하여 그가 죽을 때까지 화해하지 않았다. 그녀는 "남편을 용서할 수는 있지만, 잘못을 잊을 수는 없다."라고 친구에게 보내는 편지에 썼다. 자신의 여비서와 사랑한 남편에 대한 배신감을 잊기는 어려웠을 것이다. 그래도 엘리노어는 남편을 정치적 동지로서 계속 도와주기는 했다. 루즈벨트가 공원에서 뇌출혈로 쓰러져 죽을 때 곁에는 애인이 함께했다.

두 루즈벨트의 삶을 생각하며 한가한 섬을 걷는 동안 용기, 열정, 사랑이란 단어를 다시 음미해 본다. 죽음을 무서워하지 않은 시어도어 루즈벨트와 장애를 뛰어넘은 프랭클린 루즈벨트. 루즈벨트 가문은 1600년대 중반 네덜란드에서 이민 온 선조로부터 시작해 뉴욕의 명문가가 되었다. 그 가문의 이름은 이 섬에 오래도록 남을 것이다.

우리나라는 섬이나 지역 이름에 사람 이름을 잘 붙이지 않는다. 이름을 귀하게 여기기 때문인지, 존경할 만한 사람이 별로 없어서인지 모르겠다. 서구에서는 정치인의 이름을 공항에도 자주 붙인다. 우리에게는 선조들의 이름을 마구 부른다는 것이 어색하긴 하다. 이름을 붙인다 해도 누군가는 그 인물의 단점을 떠올릴 수도 있으니 인명 사용을 자제하는 것도 방법이다.

한 시간 반 정도 걸으면 이 섬의 남단에서 북단까지를 가로질러 갈 수 있다. 왼쪽에서 오른쪽까지의 거리는 이삼백 미터쯤 될까. 동쪽으로 보이는 퀸즈 지역은 공장과 창고 건물이 늘어서 있어서 별로 아름답지 않다. 이 섬도 맨해튼이 보이는 서쪽은 아름답게, 퀸즈가 보이는 동쪽은 아름답지 않게 맞대응하고 있다. 앞으로 이 섬에 코넬 테크 대학원이 생긴다고 하니 이 섬에도 활기가 넘칠 날이 머지않았다.

산책로의 구조물에 'In God We Trust(우리는 하나님을 믿는다)'라는 문구가 크게 적혀 있다. 약 150년 전부터 미국의 돈에 새겨지기 시작한 이 문구는 1956년 미국의 공식 구호가 되어 국가적 정체성을 나타냈다. 그러나, 연방 조폐청은 2012년 2월부터 새로 제조하는 1달러 동전에서 이 문구를 삭제하는 대신 '우리는 하나'라는 뜻의 라틴어 문구를 삽입한다고 발표했다.

미국 조폐청은 '우리는 하나님을 믿는다'는 문구를 삭제한 이유가 초상화를 더 크게 넣기 위해서라고 밝혔지만, 언론들은 종교 간의 갈등과 그에 따른 압력 때문인 것으로 추측했다. 어떤 무신론자는 이 문구가 종교와 국가의 분리를 명시한 헌법을 위반하고 무신론자를 차별하는 행위라며 소송을 제기한 바 있다. 2003년 여론조사에서 90%의 미국인이 돈에 이 문구가 들어가는 것에 찬성한다고 했는데 소수 의견을 가진 사람들의 목소리가 점점 커짐을 실감한다.

스타벅스 커피숍에 가서 아이스 티 한 잔을 시켰다. 다 마시고 나오면서 빈 컵에 얼음을 좀 채워 달라고 하니 종업원이 얼음을 컵 가득히 부어 준다. 이 섬에 발을 디뎠을 때는 한가한 풍경이 좋아보였는데 서너 시간 걸어 다니니 구경할 것도 더 없고, 거리에 사람도 별로 다니지 않아 맨해튼으로 어서 돌아가고 싶어진다. 사람 마음처럼 변덕스러운 것이 없다. 출렁이는 물결처럼 마음도 이리저리 뒤집어지며 흐른다.

# 2

## 사람

뉴욕대 근처에 유니언 스퀘어가 있다. 광장, 햇살, 각종 사람들, 과일, 채소, 꽃, 빵, 계단, 벤치, 거리 공연, 점쟁이, 체스 판, 이런 것들이 있는 곳, 유니언 스퀘어. 여기에 앉아 있으면 삶의 생생함을 느낀다. 산다는 것은 이런 기분이다. 구경과 어울림. 아무 말 안 해도 서로 쳐다보며 너도나도 여기 살아 있구나, 확인하고 안심한다. 사람들의 피부색도 어찌나 다양한지 60색 크레파스를 살색으로만 채우고도 모자랄 정도다.

# 피아니스트도
## 그렇게 바쁜가

줄리아드 학교에서 매월 발간하는 신문에 한 피아니스트의 일상이 '가르치기, 개인 지도, 연습하기, 연주하기'라는 제목으로 실렸다. 두 개의 장학금을 받는 그는 석사 과정 졸업을 앞두고 있다. 신문에 공개된 피터 두간의 하루는 다음과 같다.

2014. 2. 27.

- 아침 8시 : 목요일은 조금 더 잘 수 있는 요일이라 잠시 더 잔다.
- 10시 15분 : 커피를 기계에 올려놓은 다음 샤워한다. 진한 도미니카 커피인데 냄새가 좋다.
- 10시 24분 : 시리얼과 커피, 단백질 분말로 아침을 먹는다.
- 11시 3분 : 줄리아드 글짓기 센터로 빨리 걸어가 스케줄을 정리한

다음, 실습실로 간다. 이 실습실은 원래 성악과 학생만 이용할 수 있지만, 몰래 여기 들어가 27분 후에 있을 약속에 필요한 자료를 훑는다.

- 11시 30분 : 위층의 도서관 미디어 룸으로 가 두 명의 학생들에게 음악 이론을 가르친다.

- 오후 12시 17분 : 5층으로 가 성악과 스튜디오 밖에서 메조소프라노 가수 카라를 기다린다. 기다리는 동안 4월에 있을 졸업연주회에 카라와 내가 작곡한 곡을 넣을 수 있을지 생각한다.

- 12시 28분 : 안으로 들어가 수업에 참여한다. 카라와 나는 3년 이상 교제해 온 사이다. 그녀가 노래할 때마다 난 아직도 감동받는다. 오늘은 그녀가 구노의 '파우스트'를 부른다.

- 2시 : 우리는 한방에 같이 살기 때문에 집에 와 냉동 피자를 꺼내데워 먹는다. 전에 노숙자였던 사람들을 위한 임시 거처에서 함께 콘서트를 하기 위해 우리는 위쪽 동네로 간다.

- 3시 34분 : 청중의 한 사람이 우리의 연주에 따라서 노래를 부르기 시작했다. 그는 놀라울 정도로 대단한 목소리를 가졌다. 그와 카라는 환상적인 즉석 듀엣이 되었다.

- 3시 58분 : 택시를 타고 학교로 돌아오면서 나와 카라는 좀 전의 공연이 여태까지 공연 중 최고였다며 기뻐했다. 청중들은 몰입했고, 곡을 즐겼다.

- 4시 : 글짓기 센터에서 두 시간 동안 영어와 음악 이론을 가르친다.

- 6시 9분 : 수업이 조금 늦게 끝났지만 7시 수업까지는 쉴 시간이

있다.

- 6시 10분 : 바이올리니스트이자 친한 친구인 찰스를 복도에서 만나 실습실에서 즉흥 연주를 한다. 4월의 학교 연주회와 5월의 퍼브 쇼에서 할 곡들을 연습하는 것이다.

- 6시 35분 : 우리가 연주할 때 학교 구경을 온 학생 일행들이 지나가는 것을 알고 찰스는 문을 연다. 찰스는 'Game of the throne'부터 '빌리 진'까지 연주한다. 학생들과 부모들의 표정은 못 보았다.

- 6시 48분 : 저녁 식사할 시간이 12분밖에 없다. 근처 슈퍼마켓에서 해결해야 한다.

- 7시 : 이론 수업이다. 학생들이 잘해서 즐겁다.

- 8시 23분 : 잠시 휴식 시간에 졸업 연주회 곡을 연습한다. '달빛 소나타'의 마지막이 좀 어려운데 잘되어 가는 느낌이다.

- 9시 : 지친 상태로 귀가한다.

- 9시 20분 : 냉장고에서 맥주를 꺼내 마시면서 카라와 함께 좀비의 유혈 폭력 장면 같았던 하루에 대해 이야기를 나눈다.

- 11시 30분 : 내일 일정과 이메일을 확인한 다음, 잘 시간이다.

줄리아드에서는 졸업 연주회를 무료로 시민에게 개방한다. 피터 두간의 일상이 담긴 학교 신문도 연주회에 갔다가 얻었다. 4월에 열린 피터 두간의 졸업 연주회에 참석했다. 그는 밤과 관련된 주제의 곡들을 선곡했다. 베토벤, 쇼팽, 브람스, 슈베르트, 슈만, 라흐마니노프의 곡 외에 폴 매카트니와 앨리스 쿠퍼, 지미 포리스트의 곡도 마지막에 연주했다. 그의 여자 친구인 카라도 두 차례나 나와서 노래를 했고, 찰스도 폴 매카트니의 곡을 같이 연주했다.

필라델피아에 사는 그의 가족들도 참석했고, 친구들과 후배들도 많이 와서 뜨거운 호응을 해 주었다. 그에 관한 기사를 읽은 터라 나도 그를 좀 아는 것 같은 생각이 들어 박수를 힘껏 쳐 주었다.

그는 음악 이론을 가르치고 졸업 연주회 연습을 하는 와중에 봉사활동까지 하고 연애도 한다. 이렇게 바쁜 일정을 소화하는데 먹는 것은 부실하다. 그는 음식 만들 시간은커녕 식당에 갈 시간도 없다. 세끼 식사를 시리얼과 냉동 피자, 슈퍼마켓 음식으로 해결하는 그의 일상은 뉴욕에 사는 젊은이들의 단면을 보여 준다. 미국인들은 이처럼 냉동식품이나 만들어 놓은 음식으로 식사를 해결하는 경우가 많다. 장을 보고 재료를 다듬고 조리하는 일은 시간 낭비일까, 아니면 사치스러운 여유일까.

한국의 젊은이도 피터 두간 못지않게 바빠서 편의점 음식으로 끼니를 때우는 사람이 많다. 그래도 편의점에서 도시락을 팔아 다행이다. 한국인을 밥심으로 산다. 하루에 한 끼라도 밥을 안 먹으면 허전하다. 제대로 된 식사는 위로와 격려를 전해 준다. 피터 두간은 언제쯤 따뜻한 스크램블드에그라도 먹을 수 있을까. 주말엔 늦잠 자고 일어나 카라와 함께 브런치 식당에 갈까.

# 이보다 더 화려한 공립도서관이 있을까

　뉴욕 공립도서관 앞 돌계단에서는 젊은이들이 앉아 쉬거나 샌드위치를 먹고 있다. 도서관 입구 양쪽에는 사자가 두 마리 앉아 있다. 사자들의 이름은 이 도서관을 짓는 데 공헌한 아스토르(John Jacob Astor)와 레녹스(James Lenox)에서 따왔다. 거대한 그리스 신전처럼 보이는 도서관은 14년 걸려 지었고, 1911년 완공 당시 미국에서 가장 큰 건물이었다고 한다. 여기선 결혼식도 자주 열린다.

　도서관에 들어가면 도서관 설립 과정에 관한 역사가 전시되어 있다. 도서관 터는 뉴욕시에서 제공했으며 건물 지을 돈은 철강 왕 카네기가 냈다. 책과 그림, 소장품은 아스토르와 레녹스가 기부했고, 뉴욕주지사를 지낸 틸든(Samuel Jones Tilden)도 거액을 헌납했다. 카네기와 틸든, 아스토르와 레녹스 덕분에 이런 멋진 도서관이 태어났고, 사람들은 그 혜택을 계단에서나마 누린다. 미국의 장점은 이런 통 큰 개인들의 기부에 의한 박애정신에 있다.

도서관 건립에 공을 세운 네 사람은 누군가. 먼저 아스토르 (1763~1848)는 독일 태생의 사업가로 죽을 때 미국 최고 부자였다. 아버지는 푸줏간 주인이었고, 아스토르는 미국에서 모피 사업과 부동산 투자로 돈을 벌었는데 아편 밀수에 관련되기도 했다. 또한 에드가 앨런 포우의 후원자이기도 했고, 큰아들이 정신지체여서 작은 아들에게 재산을 맡겼다.

레녹스(1800~1880)는 스코틀랜드 출신 사업가인 아버지로부터 많은 재산을 물려받았는데 어린 시절 사랑에 실패한 뒤 평생 독신으로 지내며 사교 활동도 하지 않았다. 유럽을 여행하며 그가 모은 희귀한 자료들은 뉴욕 공립도서관의 보물이 되었다.

틸든(1814~1886)은 민주당 대통령 후보로 나선 적이 있는데 결혼을 안 했고, 재산의 절반을 도서관에 기증했다. 그는 뉴욕시에 무료도서관을 짓자며 아스토르, 레녹스와 합쳐 재단을 만들어 큰 역할을 했다.

카네기(1835~1919)는 13세부터 직물공장에서 돈벌이를 시작하여 록펠러 다음가는 부자가 되었다. 그는 30세의 루이즈와 51세에 결혼해 10년 후 딸 하나만 얻었다. 3천 개가 넘는 공공 도서관을 지어주었던 그는 책 읽기에 상당한 열정을 갖고 있었다. 이러한 열정은 400권의 책을 갖춘 자신의 개인 서재를 일하는 소년들에게 토요일 밤마다 공개했던 이웃에 의해 생겼다. 어려서부터 돈을 버느라 정식교육을 제대로 받지 못했지만, 그는 이웃의 책을 통해 얻은 지혜가 성공에 도움이 되었다고 여겼다. 카네기 이웃의 작은 호의가 수많은 공립도서관을 낳게 한 씨앗이 된 셈이다.

네 명 중 두 사람은 자식이 없고, 카네기는 딸 하나만 둔 것도 그들이 기부를 하는 데 영향을 끼쳤을 것 같다. 재산을 물려주기를 바라는 자식들에 대한 부담감에서 자유로우면 사회에 기부하기가 쉽다. 존경받는 부자로서 사후에도 자신의 이름이 명예롭기를 바라면 기부만큼 좋은 것이 없다. 부자들의 이러한 기부정신은 요즘의 빌 게이츠와 워런 버핏에게 이어져 있고, 미국의 소시민들도 능력껏 기부를 생활화하고 있다.

미국인들은 독서를 중요하게 생각해 대통령이나 퍼스트레이디가 학생들에게 책을 읽어 주는 행사도 자주 갖는다. 어느 시골에 가더라도 도서관은 잘 구비되어 있다. 그들은 어려서부터 책과 친숙하다 보니 어른이 되어서도 머리맡에 항상 책을 두고, 휴가 갈 때도 책을 챙겨 간다. 미국의 힘은 독서에서 나오는 것 같다.

아무나 들어갈 수 있고, 잠시 주인이 될 수 있는 이 책의 궁전에서 어슬렁거려 보았다. 3층 316호는 에드나 반즈 솔로몬 룸이다. 안쪽 입구에는 경비 할아버지가 앉아 있다. 천장은 매우 높고 하얀색인데 조각 장식이 되어 있고, 조명등은 눈이 피로하지 않은 밝기에 약간 노란색이다. 방바닥은 오래된 나무마루인데 바닥 테두리는 대리석이다. 베이지색 벽의 사방에 그림이 걸려 있는데 조지 워싱턴과 레녹스 집안사람들의 초상화, 눈 먼 밀튼이 딸에게 '실락원'을 구술하는 장면을 그린 것, 1838년 증기선이 뉴욕항구에 도착하는 모습을 그린 작품도 있다. 어느 귀족의 서재, 아니 왕의 서재가 부럽지 않은 시설을 갖춘 공립도서관이다.

옛날에는 높은 신분의 사람만이 책을 접하고, 공부할 수 있었다. 독서와 공부는 귀한 일이었던 것이다. 이런 귀족적 활동이 요즘의 대다수 아이들에게는 고역이자 스트레스로 작용한다. 귀한 일을 허락해 주었는데도 마다하는 것은 모두가 하는 의무가 되었기 때문일까.

방 안에는 가로 3m, 세로 1m 정도 되는 책상들이 넉넉한 간격을 두고 놓여 있다. 한 책상에 8개의 우아한 가죽 의자가 있는데 책상마다 두세 명 정도만 앉아 있다. 나도 조심스럽게 의자를 꺼내어 앉았다. 에어컨은 시원하다 못해 추울 정도인데 옆에 앉은 여학생은 어깨가 드러나는 탑을 입고 공부를 한다. 맞은편 할머니는 돋보기를 끼고 삼성 노트북으로 작업을 한다. 건너편 책상의 흰 카이저수염을 기른 할아버지는 책을 읽다 무언가 쓰기도 한다. 뉴욕에서 가장 조용한 곳, 가장 진지한 곳이 여기다. 그런데 이렇게 좋은 곳에 왜 빈자리가 있을까.

졸음이 와서 책상에 엎드려 잠시 눈을 붙였다. 5분쯤 지났을까. 누군가 책상을 손끝으로 톡톡 두드린다. 눈을 뜨고 쳐다보니 경비원이 자면 안 된다고 주의를 준다. 야속했다. 30분 정도는 봐주면 좋을 텐데. 하긴 자도록 놔두면 노숙자와 지친 여행객들이 모두 들어와 자리를 차지할지도 모른다. 자면 안 되는 도서관이기에 빈자리가 있나 보다. 깨어 있는 도서관, 여기에 오면 누구나 깨어 있어야 한다.

# 미국 부자의 취미는 무엇일까

　미국의 19세기 말은 '도금 시대'로 번역되는 '길디드 에이지 (Gilded age)'다. 남북전쟁(1861~1865) 이후, 철강과 자동차 중심의 공업국가로 변신하면서 경제적 번영과 더불어 부작용도 낳았던 때다. 이 시기에는 록펠러와 밴더빌트, 카네기와 헨리 프릭, J. P. 모건 등 전설적인 거부들이 등장했다. 이들은 사업에 있어서 잔혹한 면을 보여 지탄을 받기도 했지만, 나중에 재산을 기부하여 사회 발전에 큰 영향을 끼쳤다.

　뉴욕에는 도금 시대 부자들의 자취가 남아 있다. 거대한 록펠러 빌딩과 밴더빌트가 소유했던 그랜드센트럴역이 위용을 뽐내고, 카네기와 프릭, 모건의 자택은 박물관으로 기증되었다. 카네기와 프릭, 모건은 사업적으로 연관이 깊었다. 프릭은 카네기의 회사를 경영한

적이 있고, 카네기는 모건에게 회사를 팔았으며, 프릭은 모건이 죽자 그의 수집품을 대량 구매했다. 금융계를 호령했던 J. P. 모건이 죽었을 때는 월스트리트가 두 시간 동안 문을 닫을 정도였다. 모건과 프릭은 타이타닉호에 타려다 막판에 취소했다는 일화도 있다.

부자가 되면 술과 마약, 여자와 도박의 유혹에 걸리기 쉽다. 이런 유혹은 세상을 잊게 하고, 강렬한 중독성을 갖고 있다. 돈 번다고 고생한 자신을 위안하고 보상받고자 하는 심리도 작동한다. 자기 연민과 우월감이 동시에 묘하게 작동해 허우적대다가 기껏 쌓은 부마저 몽땅 날리는 경우가 허다하다.

부의 성취를 이룬 다음에 생리적 욕구나 도피의 욕구 같은 일차적 욕구로 퇴보하는 것은 안타까운 일이다. 부를 얻은 보람을 사회의 공익과 자기완성을 위한 방향으로 상향 추구해야 진짜 부자가 된다. 도서관과 미술관, 대학을 지어 기부한 부자들의 이름은 영원히 남는다. 생전에 록펠러와 기부 경쟁을 했던 카네기의 자택은 스미소니언 협회에서 인수한 다음에 국립 디자인 미술관이 되었다.

모건의 자택도 박물관이 되었는데 그가 정성 들여 가꾼 서재는 어느 귀족의 서재도 안 부러울 정도다. 서재의 출입구로 1906년 완성된 돔 형식의 방은 라파엘로풍의 천장화, 청색과 하얀색의 릴리프, 대리석 바닥과 벽으로 꾸며졌다. 그가 쓰던 서재로 들어가면 붉은 비단 벽과 붉은 양탄자, 가죽 깔린 책상, 그의 초상화가 보이고, 한편에 아끼던 책을 보관한 작은 방이 붙어 있다. 반대편 방은 사방이 3층의 책장으로 둘러싸인 도서관인데 성경 종류만 해도 연대와 언어별로 수집했다. 또 한 방은 사서가 근무하던 곳인데 메소포타미아 시대의 그림 도장과 조각 등이 전시되어 있다. 2층과 지하에도 전시물이 있는데 그림은 별로 없다. 프릭에게 팔아서 그런가 보다.

프릭의 서재도 모건의 것과 비슷한데 집은 더 호화스럽다. 프릭이 "카네기의 집이 오두막처럼 보이게 하라."고 주문했기 때문이다. 카네기에게 경쟁의식을 느꼈음을 알 수 있는데 아마도 속에 열등감을 품었던 것은 아닐까. 그의 집안을 꾸미는 유명 화가의 그림들은 아름답고 평온한 느낌을 준다. 미인과 풍경 그림이 주를 이루기 때문이다. 프릭의 취향을 확실히 보여 주는 컬렉션이다.

예전 미국 부자들이 자신의 집을 멋지게 짓고 책과 미술품으로 꾸미는 취미를 가졌기에 그 유산은 박물관이 되어 관광객을 모은다. 거부의 상속인이었던 페기 구겐하임은 그림 수집으로 유명하다. 그녀가 수집한 그림들도 구겐하임 미술관에 남아 보물이 되었다. 그녀는 화가를 비롯한 예술가들과 숱한 염문을 뿌려 화제가 되었다. 페기가 그림만큼 책을 사랑했더라면 어땠을까. 그녀의 남성편력이 덜하지 않았을까.

요즘은 책을 수집하는 사람이 별로 없다. 책은 사람을 변화시키는 무형의 가치 외에 투자 가치는 거의 없다. 책을 자기만족이나 과시를 위해 모으는 사람도 드물다. 하지만 미술품은 인기다. 우리나라 부자들도 미술관을 갖는 것이 유행이다. 부자들의 관심이 미술품에만 쏠리지 말고 다른 예술 방면으로 골고루 배분되면 좋을 텐데. 투자라는 측면에서 볼 때 미술품만큼 흥미로운 것이 없기 때문

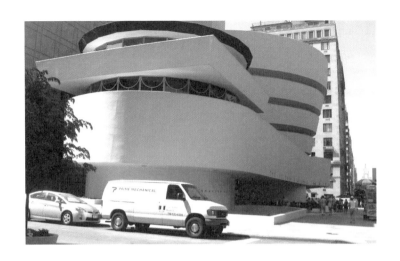

인가 보다.

　뉴욕의 대형 서점들은 인터넷 서점에 밀리고, 독자의 감소로 적
자가 쌓여 하나둘 문을 닫았다. 표지만 봐도 멋지고, 제목만 읽어
도 재밌는 책들을 한자리에서 구경할 기회가 줄어든다. 그래도 출
판되는 책의 가짓수는 계속 늘고 있다. 팔리지 않아도 책을 쓰는 사
람은 날로 증가한다. 인간이 말하기 좋아하는 성향을 포기하지 않
는 한, 책도 살아남을 것이다.

# 왜 이렇게
노숙자와 걸인이
많을까

　뉴욕에도 노숙자가 많다. 노숙한 지 오래되어 보이는 사람도 있고, 갑자기 사정이 생겨 길에서 자야만 하는 사람도 적지 않다. 어떤 이는 공원 한쪽 벤치 주위에 필요한 짐을 모아 두었는데 밤에는 벤치가 그의 침대인가 보다. 어떤 이는 대로변 큰 건물 구석에 종이 박스로 칸막이를 치고 잔다. 늦은 밤에 길을 걷다 옆에서 부스럭거리는 소리에 놀라 쳐다보니 종이 박스 안에서 누군가 뒤척이는 소리였다. 도로 옆 조각 작품 아래에서 대낮인데도 곤히 잠을 자는 사람과 청바지를 3벌이나 겹쳐 입은 사람도 있다.

　노숙자는 길에서 자지만 그들이 모두 구걸을 하지는 않는다. 구걸하는 사람들 중엔 의외로 멀쩡한 젊은이가 많다. 한 청년은 "어떤 일이라도 합니다."라고 쓴 종이를 들고 길에 앉아 있다. 그는 돈이 아닌 일자리를 구걸하고 있다. 체격이 좋아 곧 일자리를 얻을 것 같다.

아가씨들도 구걸을 한다. 한 아가씨는 "Homeless. 셋방 비용이 없어요."라고 쓴 종이를 들고 길거리에 앉아 흐느낀다. 그녀의 가족은 어디에 있을까. 이렇게 해서라도 뉴욕에 남고 싶은 것일까. 다른 아가씨는 5번가 대로에서 "임신 7개월 중. 남자 친구가 이 자리에서 날 떠났어요."라고 쓴 종이를 보여 준다. 그녀의 배는 꽤 부른 상태고 옆에는 모금함이 있다. 그녀는 개 두 마리를 줄에 묶어 데리고 있는데, 책을 손에 들고 길바닥에 앉아 졸고 있다. 이런 상황에서 독서를 하고 개 두 마리도 키울 여유가 있나 싶어 얼굴을 다시 들여다보았다. 그 여유 하나만큼은 높이 사고 싶다.

애완견을 옆에 둔 채 "동물 병원에 데려가야 해요."라는 문구로 애견가의 마음에 호소하는 여자도 있다. 그 외에 "왜 거짓말을 하겠어요? 맥주 살 돈이 필요해요.", "마리화나 살 돈이 필요해요."라며 정직성을 무기로 삼는 남자들도 보인다.

뉴욕의 노숙자와 걸인에는 남녀노소가 다 포함되어 있고, 사연도 구체적이며 별나다. 거리에서 그들의 희한한 사연을 접하면 고개를 갸우뚱거리게 된다. 걷다가 멈춰서 그들에게 관심을 표하는 사람은 거의 없지만, 곁눈질로는 볼 것 같다. 사연에 공감을 느끼 몇 사람은 주머니를 열 수도 있겠다.

인간은 최악의 상황에서도 먹고 잠을 자야만 하는 존재다. 살기 위해 무언가를 먹어야 하고, 살기 위해 자야 한다. 매일 먹고 잠잘

곳을 마련해야 하는 생물체이니 먹을 것이 없으면 구걸을 해야 하고, 잘 곳이 없으면 아무 데서나 잘 수밖에 없다. 인간이 존재하는 한, 노숙자와 걸인도 없어지지 않는다.

　서울에도 노숙자가 있지만 서울역 같은 특정 장소에 모여 있고 거리에서는 잘 볼 수 없다. 경제 성장 탓에 그들을 돌보는 시스템도 발달되었다. 거리에 거지가 흔하던 시절이 있었지만, 이제 뉴욕에서 거지를 발견하면 신기해지는 시대가 된 것이 신기하다. 노숙자를 보면 우리는 놀라 흠칫한다. 야생의 인간이 너무 낯선 탓에 우리는 그들을 외면하고 싶어 한다. 비겁한 걸까, 아니면 우리도 지친 걸까.

# 테러의 생존자가 원하는 것은 무엇일까

유니언 스퀘어의 벤치 옆자리에 아프리카계 여인이 와 앉는다.

"Welcome!"

내가 인사를 하자 그녀가 웃는다.

"장날이라 야채를 사러 왔는데."

시간은 오후 6시가 좀 넘어 있었다.

"장은 벌써 거의 다 철수했어요."

"그럼 마켓에나 가야겠네요."

근처에 사냐고 물으니 소호에 산다. 그녀도 나에 관한 것을 몇 마디 묻더니 봇물 터진 듯 이야기를 이어 간다. 말을 안 걸었으면 큰일 날 뻔했다.

"이번에 뉴욕 겨울은 추운 편이었지만, 내가 살던 오하이오에 비하면 아무것도 아니에요. 거기선 눈 치우느라 삽질하는 데 익숙했죠. 난 몇 십 년 동안 교사, 컴퓨터 하드웨어와 소프트웨어 디자인 일을 했어요. 당시 컴퓨터 업계에서 일할 땐 여자가 드물어 난 '컴퓨터 레이디'라는 별명을 얻었어요. 여행도 많이 했죠. 국내는 물론이고, 남미와 아프리카, 유럽과 중국까지요. 방송사의 여행 프로그램에서 왜 나에게 진행을 맡기지 않는지 모르겠어요. 난 12년 전 암에 걸려서 의사가 3개월밖에 못 산다고 했지만 이겨 냈어요. 9·11 참사 때도 그날 그 건물 맨 꼭대기 층에서 식사를 하고 나왔어요. 난 그 건물에 수시로 드나들었거든요. 거리에 나오자 난 두 번째 비행기가 날아가 건물에 박히는 것을 목격했지요. 그 근처에만 가면 난 아직도 가슴이 벌렁거려요."

"당신은 진정한 생존자네요. 암과 9·11테러에서."

"내 이야기를 써서 책으로 내려고 해요. 쓸 게 정말 많다니까요. 난 대통령도 네 명이나 만났어요. 케네디, 카터, 레이건, 오바마를 말이에요. 케네디를 만났을 땐 5살인가 그랬는데."

30대로 보이는 얼굴과 긴 곱슬머리 때문에 그녀가 5살에 케네디를 만났다는 것이 믿어지지 않고, 다른 말들도 슬쩍 의심이 가기 시작했다.

"왜 이렇게 노숙자가 많은지, 대책이 필요해요. 한국에선 언론의 자유가 보장되어 있나요? 뭐라고 비판하면 잡아가지 않나요? 앞으로는 이런 걸 위해서 일하려고 해요. 내 나이가 이제 59세예요."

"네? 30대인 줄 알았어요."

"우리 가족은 대부분 오래 살아요. 할아버지와 할머니도 90세가 넘도록 사셨고요."

"당신도 오래 살 거예요."

"그렇죠, 살아남아야죠."

날이 점점 어둡고 추워져 자리에서 일어나려 하자 그녀는 다음에 다시 만나자며 전화번호를 적어 준다. 그녀가 앞으로 언론 자유를 위해 어떤 활약을 펼칠지 기대가 된다. 30대로 보이는 외모만큼 의욕도 파릇하다. 그녀에게서 생의 질긴 에너지를 한 줄기 전달받은 기분이다. 우리는 일어서 각자 반대 방향으로 걸었다. 그녀는 남쪽으로, 난 북쪽으로.

우리나라는 6·25 전쟁을 겪었다. 윗세대들의 전쟁 경험을 너무 흔하게 접하다 보니 주위 사람들이 생존자라는 사실을 잊게 된다. 우리 가족의 경우에 할아버지는 전쟁의 희생자였고, 할머니는 생존자로 100세까지 사셨다. 전쟁이나 테러, 재난은 희생자를 양산한다.

이런 큰 사건이 벌어지지 않아도 현대인은 하루하루 사는 것이 생존전쟁이라고 여긴다. 경쟁사회에서 겪는 좌절, 질병과의 싸움, 인간관계에서의 상처를 잘 관리해야 오래 생존할 수 있다. 힘든 하루를 이겨 내려면 매일 아침마다 눈뜨는 자신을 향해 오늘도 어제로부터의 생존자임을 축하하고 기뻐하는 것도 한 방법이다.

2 · 사람

# 할머니 뉴요커들은 왜 책을 읽을까

한 조사에 의하면 백인들이 좋아하는 것 중 21위에 오른 것이 '작가의 워크숍'이다. 그들은 작가로부터 글쓰기 지도받기를 좋아하고 작가가 되고 싶어 한다. 그만큼 그들은 글과 친하다. 학교 교육에서도 책 읽고 글 쓰는 것을 강조한다. 하버드 대학생들이 가장 부러워하는 사람은 글 잘 쓰는 사람이다. 미국은 동네마다 작은 도서관이 세워져 있어서 아이들은 그곳을 놀이방처럼 여긴다. 전철이나 공항에서도 책 읽는 사람이 많다. 책 읽는 문화가 즐겁고 자연스러운 일로 생활화된 서구 교육의 효과가 나타난다.

뉴욕엔 출판사들이 몰려 있어서 작가들도 이곳을 선호한다. 작가가 흔하기 때문에 카페에 가면 글을 쓰는 사람을 쉽게 만난다. '해리 포터'를 쓴 조앤 롤링처럼 작가들은 카페에서 작업하기를 즐긴다. 오가는 사람들을 바라보며 시각적 자극이 있는 공간에서 작업하면 예기치 않은 아이디어가 떠오르고, 작업의 외로움을 덜 수도 있다.

영화에서도 작가나 작가 지망생을 다룬 이야기가 흔하다. 피 말리는 글쓰기를 끝낸 후에도 출판사를 찾지 못해 좌절하거나, 출판된 책이 인기가 없어 다시 피 말리는 고통을 겪는 사람들을 보며 공감을 느낀다. 가엾고 고통스러운 문자예술이라는 늪에 빠져 허우적대는 사람들. 대부분은 버둥대다 점점 더 밑으로 가라앉고 만다. 문학병은 불치병이라고 했던가. 살아남으려면 자기 치유에 만족하며 글쓰기를 버텨 내야 할까.

작가는 책에 자신의 지식과 생각, 마음과 혼을 담아 독자에게 대화를 청한다. 이런 요청에 응답해 고요히 책에 몰두해 있는 사람의 모습은 아름답다. 남을 의식하지 않고 시선을 고정한 채 정신이 집중된 모습에서는 선(仙)의 기마저 풍긴다. 무슨 책을 읽을까, 재미있을까, 하는 일과 관련 있을까, 그들을 쳐다보면서 상상하게 된다. 책만이 아니라 책 읽는 사람의 모습도 풍부한 상상력을 자극하는 것이다. 작가가 보기에는 독자의 모습을 보는 것만으로도 위안이 된다. 장차 자신의 독자가 될지도 모르니까.

요즘 독서 인구는 컴퓨터와 핸드폰 쪽으로 대거 이동했다. 서울의 지하철에서 종이책을 읽는 사람은 드물다. 스마트폰만 열면 소설보다 흥미진진한 사건이나 희귀한 정보, 짜릿한 게임의 재미도 손쉽게 얻을 수 있으니 모두들 책을 기피한다.

아직도 뉴욕 시내에서는 종이책을 들고 공원 잔디밭에 눕거나 벤치에서 책을 읽는 젊은이들이 눈에 띈다. 그러나, 내 주목을 끈 것은 이들이 아니다. 어느 날 맨해튼 남동쪽 해안 길인 사우스 스트리트를 따라 올라가다 피어 16 바닷가에서 쉬려고 벤치에 앉았다. 옆 벤치에서는 80세가 넘어 보이고 등이 굽은 조그만 할머니가 전자책을 읽고 있었다. 몸 가누기조차 힘들어 보이는데도 책 읽기를 포기하지 않은 할머니, 그것도 전자책을 든 할머니의 모습이 인상적이었다. 전철 안이나 커피숍에서도 책 읽는 할머니를 자주 볼 수 있지만, 햇빛 아래에서 바닷가 바람을 쐬며 책에 몰두한 할머니의 모습은 충만해 보였다. 무슨 책을 읽는지 말을 걸어 보고 싶었지만 그만두었다. 그 장면을 깨뜨리고 싶지 않았다.

  할머니 모습을 보며 '아, 나도 여기서 늙어 가고 싶다.'는 생각이 든다. '골치 아프고 눈 아프게 뭐 하러 책을 읽어?'라는 간섭이나 '잘난 체하나?' 눈총 주지 않는 곳. 책 읽는 동지들이 흔한 이곳에서 늙고 싶다는 생각. 눈이 마주치면 이야기를 걸어 서로 읽고 있는 책에 대한 이야기도 나누면 좋겠지. 이런 할머니들은 작가인지도 모르겠다. 작가는 열렬한 독자이기도 하니까. 그나저나 시력이 받쳐 줘야 할 텐데. 저녁에 계란이나 한 알 먹어야겠다.

# 한인 타운 옆 그릴리 공원의 풍경은 어떨까

32와 33 스트리트 사이, 브로드웨이와 6 애비뉴 사이에 그릴리 공원이 있다. 규모가 아주 작지만 지나다니는 사람이 워낙 많아 항상 복작거린다. 옆에 한인 타운도 있어서 한국 사람도 자주 볼 수 있다. 주변 건물에는 코스모스 백화점, 백천 운명철학원, 이가자 헤어비스, 씨씨 약국 같은 한인 상점들 간판이 붙어 있다.

호레이스 그릴리(1811~1872)는 누구인가. 그는 빈농의 아들로 출생해 25세에 뉴욕으로 와 인쇄공을 거쳐 언론인이 되어 '뉴요커' 잡지의 편집주간과 '뉴욕 트리뷴' 창간자로 활동했다. 말년에는 대통령 선거에 출마했다가 낙선 후 실의에 빠져 사망했는데 "서쪽으로 가라, 젊은이들이여(Go West, Young man)!"라며 젊은이들이 서부 개척에 나설 것을 촉구했던 것으로 유명하다. 그는 한여름에도 긴

코트를 입고, 우산을 항상 갖고 다녔다고 한다. 자녀 7명 중 2명만 살아남았다니 가정사에서 크나큰 고통을 겪었을 것 같다.

공원에 세워진 동상은 그의 평소 차림대로 긴 코트를 걸친 채, 오른손에 잡지를 들고 앉아 있다. 비둘기가 그의 벗겨진 정수리를 전망대 삼아 머리 위에서 삥삥 돌며 사방을 살핀다. 하나가 날아가면 이내 다른 놈이 날아와 자리를 잡는다. 그릴리는 새똥을 이마부터 온몸에 뒤집어쓰고 고통을 인내하는 표정이다. 머리 꼭대기에는 불쑥 튀어나온 것이 있는데 올라가 볼 수는 없지만 배설물의 퇴적층인 것 같다. 그가 좋아했던 우산을 펼쳐 든 채 앉아 있으면 이런 고난은 안 당할 것을.

관광객들은 그의 동상을 배경으로 사진을 한 장 찍고 지나간다. 한 가족도 다가오더니 남자가 아들과 아내를 동상 앞에 세워 사진을 찍고 "Go!"를 외친다. 'Go, West!'는 아니고 그들은 'Go, North!' 북쪽으로 사라진다. 그들도 뉴욕 여행 일정이 빠듯한가 보다.

옆자리에서는 이 혼잡한 와중에도 직장 동료로 보이는 열두어 명의 남녀가 커피와 자료 뭉치를 앞에 놓고 회의를 한다. 뉴요커는 집중력이 우수한가 보다. 사람들이 쳐다보건 말건 그들은 회의에 열중하며 한눈을 팔지 않는다. 공원에 나와 회의할 이유가 있나 싶은데, 탁 트인 공간이 사람의 창의력을 높인다는 이론을 신봉하는 것일까.

점심시간에 이 공원 한가운데 길을 지나는 것은 모델이 런웨이 위를 걷는 것처럼 주목을 받는다. 길 양쪽의 구경꾼들은 진을 치고 앉아 샌드위치나 볶음밥을 손에 들고 행인을 열심히 감상한다. 아프리카 전통의상을 입은 여자들, 인도 전통의상을 입은 여자들, 펑크 스타일의 젊은이, 패션모델 같은 선남선녀들도 지나간다.

사람의 최대 관심사는 역시 사람이다. 어떻게 생겼나, 무얼 입었나, 무슨 언어로 말하나, 무얼 먹나 지치지 않고 쳐다본다. 사람 구경하기에 좋은 지구상의 몇 장소 중 이곳도 한자리 차지할 것 같다.

조각천을 이어 붙여 만드는 퀼팅 이불보가 생각난다. 갖가지 무늬의 천 조각들이 모여 하나의 이불이 되면 그 안에 담긴 문양들을 들여다보는 재미가 쏠쏠하다. 심심할 때 무늬를 하나씩 들여다보면서 원래 붙어 있던 천은 무엇이 되어 있을까, 어떻게 이 천 조각을 모았을까, 아무렇게나 섞여 있기에 이 많은 무늬들이 자연스럽게 조화되어 보이는 걸까, 여기 모인 조각들은 자신의 위치에 만족할까, 더 다를수록 더 재미있을까, 오만 궁리를 다 한다. 이 공원 안의 모습도 하나의 조각 이불이나 마찬가지다.

뉴욕처럼 다인종이 모인 곳에는 점점 더 다양한 사람이 모여든다. 이곳의 분위기가 편하기 때문이다. 고향만 편한 곳이 아니다. 어쩌면 익명성을 보장받으며 개성이 인정되는 곳이 더 편할지도 모른다. 획일적인 잣대나 기대치를 벗어난 곳이 베푸는 쉼터와 같은 여유가 어떤 땐 참 부럽다.

미국의 힘은 이민자의 나라라는 정체성에서 나왔다. 그릴리도 아메리칸 드림을 이루었다. 인쇄공에서 잡지 편집자가 되고 대통령에 출마할 정도가 되었다. 뉴욕 한복판에 이렇게 동상으로 서 있을 정도면 그는 엄청 출세한 것이 확실하다. 대통령만큼 전 세계적인 명성은 아닐지라도, 그는 뉴요커에게 무척 소중한 인물인가 보다. 언론계의 거물이자 노예 해방을 찬성한 사회개혁가였던 그는 동상으로 앉아 가지각색의 행인들을 구경한다. 자유로이 어울려 산다는 것은 흥미진진하고 즐거운 일이라고 여길 것 같다.

그러나 미국은 점점 개방성을 축소하는 추세고, 다른 나라들도 문을 활짝 열기를 꺼린다. 이상과 현실을 조화롭게 적용하기는 언제나 쉽지 않다. 이상과 현실도 시대와 상황에 따라 요동치기 마련이다. 하나만 붙잡고 있기에는 위험한 세상이다.

# 다그 함마르셸드는 누구인가

정처 없이 걷다가 우연히 마음에 드는 한 공원을 발견했다. UN 본부 위쪽인데 읽기도 어려운 '다그 함마르셸드(Dag Hammarskjöld) 플라자 공원'이다. '다그 함마르셸드'라니 사람 이름 같은데 생소해 알아보았다.

다그 함마르셸드(1905~1961)는 스웨덴 사람인데 읍살라 대학에 서 경제학을 공부하고 스톡홀름 대학교 교수와 재무 장관, 중앙은 행 총재, 외교부 고문, 유럽 경제협력기구 수석대표를 거쳐 1953년 제2대 UN 사무총장으로 선출되었다. 그는 UN 헌장에 입각한 UN 사무총장의 역할을 적극적으로 해석해 국제 평화를 위해 힘썼다. 이러한 그의 역할은 후대 사무총장들에게 본이 되었다.

그는 중동 휴전 특사로 파견되는 한편, 수에즈 운하 문제와 헝가리 혁명 등에서 큰 활약을 했고, 1958년 사무총장에 재선되었으나 1961년 콩고 내전을 조정하기 위해 가던 중 비행기 사고로 죽었다. 이 사건은 선진국의 이해관계가 얽힌 외부격추설로 인해 유엔의 대표적인 미스터리가 되었고, 그는 최초로 사후 노벨 평화상을 받았다고 한다.

아무리 여기에 유엔본부가 있고 그가 사무총장의 모범이 되는 인물이었다고 해도 다른 나라 사람의 동상을 세우고 공원 이름으로도 명명하는 것에서 뉴욕의 열린 태도를 볼 수 있다. 간디나 안데르센처럼 본받을 만한 외국인의 동상도 자연스럽게 한자리를 차지한다. 서울에서는 외국인의 동상을 본 적이 거의 없다. 외세의 침략에 고생했던 우리 민족의 트라우마가 작용한 탓일까. 외국인 동상을 세울 만큼 마음이나 토지의 여유가 없는 것일까.

이 공원은 관광객보다는 근처의 직장인과 주민들이 주로 이용하는 공간인 듯하다. 뜨내기로 보이는 사람은 별로 눈에 띄지 않는다. 몇 십 개의 사람 조각들이 거리에 서 있거나 벤치에 앉아 있다. 사람과 조각이 함께 어울린 광경이다. 동상은 모두 남자인데 녹슨 철이나 은색을 띠고 있다. 공원은 꽤 넓고 사람들도 적당하게 채워져 있다. 앉아서 점심 먹고 싶은 장소다. 마침 조각 옆에 비어 있는 자리도 하나 발견했다.

나는 백에서 점심을 꺼냈다. 어제 산 샌프란시스코 사우어도우 빵이 어찌나 질긴지 육포를 뜯는 것 같다. 음식을 입으로 뜯어 먹는 것은 역시 육식 문화의 전통이다. 샌드위치나 햄버거를 손에 들고 있으면 사냥꾼이 된 듯 느껴진다. 들판에 앉아 식기 없이 입으로 뜯어 먹고, 음식 부스러기가 떨어져도 아무 상관없는 야생적 환경이 연상된다. 부스러기가 많이 떨어지는 샌드위치는 역시 이렇게 야외에서 먹어야 제맛이다. 다 먹고 나니 다음 사냥감을 향해 눈을 번득이게 된다.

내 옆자리에는 비둘기 똥이 묻어 있어 사람들이 앉으러 왔다가 찡그리며 다른 곳으로 간다. 시선은 자연히 맞은편으로 향한다. 앞 벤치의 금발 소년은 동상 옆에 앉아 있는데 잠시 후 여자 친구가 나타나자 가방에서 샌드위치를 꺼내 같이 먹는다. 소년과 달리 소녀는 별로 말이 없다. 소년이 소녀를 많이 사랑하는 듯하다. 이상하다. 사랑이라는 감정은 숨기려 해도 숨겨지지 않는다. 상대의 마음을 얻기 전의 소년인 경우에는 더욱더. 불안하게 깊어진 눈빛과 서툴러지는 손짓, 엉거주춤한 자세가 사랑의 호르몬에 영향을 받아 꼭 티를 낸다.

그 왼쪽의 벤치에는 동양인 남녀가 있는데 그들의 사랑은 성숙된 상태인 듯하다. 동상에 모자와 선글라스를 씌우고 서로 여유 있게 사진을 찍어 준다. 둘은 사랑에 확신을 갖고 안정적인 관계를 유지하고 있는 상태일 것이다.

소년과 소녀가 떠난 벤치에 한 여자가 와서 앉는다. 그녀는 이내 고개를 숙이고 한참 졸고 있다. 자세히 보니 단발머리가 가발 같다. 가르마 부분이 어색하고, 이마 부근 머리가 살짝 떠 있다. 그녀는 따뜻한 햇볕을 즐기며 부족한 잠을 보충하는 중이다.

건너편에 새로 온 아가씨는 흰색 테의 선글라스를 쓰고, 붉은색 민소매 웃옷과 검은색 미니스커트를 걸쳤는데 패션잡지 화보 속에서 금방 나온 듯하다. 그녀는 전화를 하며 "오, 마이 갓."을 연발한다. 무엇이 그리 놀랄 만한 일인지. 아니면 아주 재미있는 일이라도 벌어졌나 보다. 잠시 후 그녀는 선글라스를 벗었는데 그러니까 별로다. 선글라스 미인이었다.

내 오른쪽 벤치에 새로 온 남자는 샐러드 한 통과 빵을 먹는다. 이곳에선 점심으로 샐러드를 먹어야 지적이고 부자며 진보적인 사람으로 보인다. 오늘 내 점심 메뉴를 본 사람은 나를 어떤 사람으로 추측했을까? 다들 점심을 사서 공원으로 오는데, 집에서 싸 왔으니 돈을 절약하려 하고, 치즈와 땅콩에 오렌지를 보면서 노화 방지와 건강을 챙기려 애쓰는 아줌마로 여겼으리라. 이 동네 사람인지, 관광객인지도 궁금했을 것이다.

점심을 싸 왔던 비닐봉지를 휴지통에 넣기 위해 일어섰다. 오늘은 다그 함마르셸드 덕분에 평화로운 식사를 했다.

# 교회 예배 분위기는 어떨까

이곳 교회의 예배는 어떤지 궁금해서 컬럼비아대학교 인근의 장로교회 예배에 참석했다. 1912년 자리 잡은 이 교회의 겉모습은 성당과 비슷하다. 규모가 꽤 큰데도 주일 예배는 10시에 한 번 있다. 시간에 임박해서 교회 안으로 들어가니 본당 앞쪽에 두 사람만 보인다. 시간을 잘못 알고 왔나 싶어 나가려는데 앞의 여자가 들어오라며 손짓을 한다. 그녀는 본당 옆방을 가리키며 여름에는 에어컨 때문에 작은 방에서 예배를 드린다고 알려 준다.

옆방으로 들어가니 10여 명이 둥그런 원을 그리며 놓인 의자에 앉아 있다. 어색하게 자리에 앉아 주보를 읽고 있을 때, 40세 전후로 보이는 삭발한 백인 남자가 다가와 자신의 이름은 '크리스'라며 악수를 청한다. "혹시 목사님이세요?" 하고 물으니 고개를 끄덕인다. 목사님은 분홍색 셔츠와 베이지색 바지를 입었고, 소형 마이크를 셔츠에 달고 있다. 예배가 시작될 즈음에는 30여 명이 모였다.

예배는 찬송으로 시작했고, 노래가 끝나자 주위 사람들과 서로 인사를 나누었다. 참석한 서너 명의 아이들을 불러 목사님이 빵을 떼어 주자 아이들은 밖으로 나갔고, 목사님은 아이패드를 들고 가운데 서서 20분가량 설교를 했다. 설교 후에는 두 남자 신도가 접시를 들고 다니며 헌금을 걷었다.

그런 다음, 기도를 부탁하는 사람이 일어나 자신이나 주변 사람의 사정을 이야기했다. 조산한 아기의 건강, 여행 중인 가족의 안전, 해고된 친척의 새 출발, 형제의 어려운 형편 등이 기도 제목이다. 이야기를 마칠 때마다 목사님과 참석자들은 "신이시여, 우리의 기도를 들어주소서."라고 합창을 한다.

예배가 끝나자 한 옆에 마련된 커피와 컵케이크를 먹으며 신도들은 담소를 나눴다. 정장이 아닌 간편한 복장의 목사님이 아이패드를 사용하는 것과 끝부분에 신도들이 기도 내용을 이야기하는 것이 한국 교회와 다른 점이다. 모이는 횟수가 한국 교회처럼 잦지 않아서 주일 예배 때 교제도 겸하는 것 같다.

본당을 거쳐 나오면서 이렇게 넓은 공간을 가득 채웠을 백 년 전의 모습을 떠올려 보았다. 종교의 자유를 찾아 아메리카 대륙으로 이주해 온 이민자들의 초기 신앙심은 어디로 갔을까. 유럽에서 성당은 관광명소로 전락한 지 오래다. 생활 여건이 안정되어 이제는 신에게 의지하지 않아도 충분히 만족스러운 것일까. 그러나 미국의 모든 교회들이 썰렁하지는 않다. 빈자리 찾기가 힘들 정도로 사람들이 모이고 활력 넘치는 교회도 있다. 타임즈 스퀘어 교회가 그예다.

타임즈 스퀘어 교회는 뉴욕 청소년 갱단의 선교에 앞장서 온 데이빗 윌커슨 목사님이 1987년 세웠다. 그 건물은 원래 뮤지컬 극장이었기 때문에 유럽의 오페라극장처럼 화려한 내부 장식으로도 유명하다. 몇 년 전 '십자가와 칼'이라는 책을 선물 받은 적이 있는데 윌커슨 목사님이 그 주인공이다. 그 목사님은 2011년 교통사고로 돌아가셨다.

10시 예배에 참석하려고 가 보니, 1층과 2층 그리고 계단과 로비를 가득 채운 사람들로 교회는 포화 상태였다. 1층에 자리가 없는 것 같아 2층으로 올라갔지만 거기에도 빈자리는 보이지 않았다. 1층에 서서 예배를 보려고 다시 내려왔더니 사람들이 줄을 서 있었다. 자리에 앉으려면 줄을 서라는 것이었다.

얼핏 보기에 빈자리가 없는 것 같은데 사람들이 앉아 있는 사이사이에 빈자리가 좀 있는 모양이었다. 벌써 찬송이 시작되어 사람들은 자리에서 일어나 손뼉을 치며 노래를 불렀다. 잠시 후에 자리를 안내하는 흑인 아주머니가 따라오라고 하더니 앞쪽 가운데 빈자리로 데리고 갔다. 그렇지만 앉을 수는 없었다. 모두 서서 찬송을 했기 때문이다.

교회 앞 간판에 100개국 이상의 사람들이 참석한다고 적혀 있듯, 교인은 여러 인종의 사람들로 섞여 있었다. 어떤 사람들은 노래에 맞춰 춤을 추었고, 한 여자는 무대 위의 가수처럼 진지하게 팔 동작을 했다. 무대 위를 가득 채운 백 명에 가까운 찬양대는 빨강, 초록, 노랑, 보라, 분홍색이 동원된 자유로운 옷차림이었다. 동양인도 두어 명 보이는데 그중 한 동양 남자는 노래할 때 입을 가장 크게 벌린다. 40분 정도 함께하는 찬양이 끝나고 목사님이 광고를 한 뒤, 20분 정도 성가대만의 찬양이 이어졌다. 선창을 하는 흑인 여성의 목소리는 뮤지컬 가수의 목청처럼 호소력이 깊고 넓었다. 이 노래만 듣고 가도 예배에 온 보람이 느껴질 것 같았다.

목사님의 설교는 11시에 시작되었다. 노트북을 들고 나온 흑인 목사님은 47분 동안 설교를 했다. 목사님은 종교인이 아니었다면 험악하게 생긴 얼굴로 인해 손해 볼 일이 많았을 것 같은데 계속 쳐다보니 얼굴에 대한 부담감이 없어진다. 생김새 외에 표정으로 인상이 평가되는 것은 다행한 일이다. 오늘 설교한 목사님 외에 이 교회에는 다섯 분의 목사님이 더 있는데 담임목사님은 백인이다. 다른 목사님들도 연단 오른쪽에 같이 앉아 참석했다.

뉴욕에서 성공한 교회는 찬양을 중시한다. 사람들은 가만히 앉아 있기보다는 열정적으로 함께하는 찬양을 통해 참여의식을 느낀다. 설교보다 찬양에서 더 은혜를 받았다는 사람이 많을 정도로 노래의 힘은 강력하다. 노래 자체가 가진 치유 효과도 무시할 수 없다. 그리고 미국인은 대체로 외향적이다. 미국 교육 방침도 외향적 성향을 선호해서 나서서 질문하고 의견을 표현하도록 권한다. 활달한 그들은 교회에서도 적극적으로 참여하는 분위기가 더 편한가 보다.

# 점쟁이가 많은 이유는 무엇일까

　뉴욕과 점쟁이. 얼핏 보면 둘은 어울리지 않는 단어처럼 보인다. 최첨단의 도시에서 비과학적인 방법으로 미래에 대한 힌트를 얻으려고 하다니. 그러나 건물이 높아진다고 인간의 심리적·영적 수준이 올라가지는 않는다. 자연의 일부여야 할 인간이 인공적인 구조물과 물건들 속에서 상호경쟁적인 상황에 처한 채 오래 지내다 보면 불안하고 위축되는 것이 당연하다.

　55번가를 지나갈 때 반지하에 위치한 점집의 간판을 보았다. 10달러에 심령술, 손금 보기, 타로카드, 수정구슬 점, 독심술 중 하나를 택할 수 있다. 'OPEN'이라고 쓴 불빛이 빛나는 아래쪽 창문을 들여다보며 머뭇거리니까 "May I help you?" 하며 한 여인이 문을 열고 나온다. 여자는 집시 스타일로 치장했는데 밖을 내다보며 손님을 기다리고 있었나 보다. 나는 황급히 손을 저으며 그곳을 떠났다. 57번가 쪽으로 걸어가는데 이번에도 점집 광고판이 서 있다. 이 동네가 뉴욕의 미아리인가 싶다.

젊은이들의 집합 장소인 유니언 스퀘어에는 광장 바닥에 담요를 깔고 앉아 점을 봐 주는 여인이 있다. 점쟁이는 예비군복 무늬의 옷을 입었고, 이마 위쪽으로 두른 터번 위로는 레게머리가 삐져나와 있다. 맨발로 책상다리를 한 그녀의 앞에는 접시와 구슬, 둥근 조각들이 놓여 있다.

러닝셔츠와 반바지, 슬리퍼 차림의 한 남자는 두 무릎을 모으고 앉아 그녀의 말을 진지하게 듣고 있다. 그는 집에서 자다 일어나 먹을 것을 사러 나온 듯, 슈퍼마켓 로고가 선명한 봉지를 옆에 놓아두었다. 점쟁이도 같은 슈퍼마켓 봉지를 옆에 둔 것으로 보아 식사를 거기서 사다 먹었나 보다. 옆에서 구경하는 여자는 호기심이 가득한 눈빛으로 점쟁이를 곁눈질한다. 잘 맞추면 자신도 점을 보고 싶은 것일까.

'회의론자(Skeptics)'라는 잡지의 편집인 마이클 셔머가 쓴 '왜 사람들은 이상한 것을 믿는가'라는 책에 나온 조사에 의하면 미국 성인 52%가 점성술을 신뢰하고, 35%는 이 세상에 유령이 있다고 믿으며, 67%는 실제로 유령들과 교감하는 심령 현상을 겪었다고 한다. 미국의 레이건 대통령이 저격을 당한 후 낸시 여사는 남편의 일정을 점성사와 상의해 결정하곤 했다. 충격에 의한 불안을 해소하기 위해 대통령 부부도 쉽사리 점성술에 의지했던 것이다.

점집을 많이 찾기로는 우리나라 사람들도 빠질 수 없다. 얼마 전 뉴욕 타임즈에서도 '높은 자살률에도 불구하고 한국인은 정신치료를 거부한다'라는 제목의 기사를 실었다. 기사에서는 미국의 3배나 되는 자살률을 가진 한국에서 정신치료를 안 받는 이유로 세 가지가 거론되었다.

첫째는 정신치료 받은 기록이 의료보험에 남겨질까 봐, 둘째는 공짜로 친구나 목사에게 상담할 수 있어서, 셋째는 유교문화에서는 감정 문제를 드러내지 않는 것이 미덕이기 때문이라는 분석이다. 고민을 해결하기 위해 한국인들은 점쟁이와 룸살롱 아가씨를 찾기 때문에 그들이 정신과의사의 최대 경쟁자라고도 썼다. 또한 한국인은 점 보기와 음주 외에 골프, 자전거, 종교, 인터넷, 여행 등으로 스트레스를 푼다고 했다. 하긴 한국에서는 정신과의사보다 점쟁이에게 가고, 고민을 잊기 위해 열렬히 취미 생활을 하는 사람이 많은 것이 사실이다.

복채는 그리 비싸지 않다. 타로카드 점은 사주 풀이보다 단순하기 때문일 것이다. 태어난 연월일시를 이용한 역학 풀이가 서양인에게도 통할지 갑자기 궁금해진다. 뉴욕에서 사람들에게 사주를 이용해 점을 봐 주는 것도 블루오션이 될 수 있겠다.

미래를 미리 아는 것은 문제를 다 풀지도 않고 정답을 들춰 보는 것과 같다. 현재는 시험 보는 순간이다. 시험 시간이 다 끝나기 전까지는 문제를 붙들고 끙끙대며 정답을 찾는 것이 최선이다. 하지만 성급한 사람은 언제나 존재하기 때문에 과학과 문명이 발달해도

점쟁이는 사라지지 않는다.

절망에 빠진 사람들도 점쟁이를 찾는다. 그들은 점쟁이로부터 한 가닥 희망의 말을 듣기 원한다. 지팡이처럼 짚고 일어서서 기대고 걸음을 내딛을 희망의 한 구절. 그것을 듣기 위해 점집을 찾는다. 그렇지만 좋지 않은 말을 듣게 되면 어쩌나. 확률은 반반인데. 나쁜 예언을 들으면 좋은 예언이 나올 때까지 점집을 전전해야 될까.

# 스페인에서 온 배낭족과 나눈 정보는 무엇일까

소호에 있는 한 커피 전문점은 관광객이 대부분이다. 분위기가 시끌벅적하고 빈자리를 찾기가 힘들다. 이곳에 있는 사람들의 국적을 조사하면 30개국은 족히 넘지 않을까. 옆자리에 배낭을 멘 청년이 카페라테를 들고 와 앉는다. 자리가 너무 가까워 자연스레 눈인사를 했다.

"사람이 무척 많죠?"

말문을 연 그는 며칠 동안 수염을 깎지 못한 얼굴이다. 눈동자가 선해 보인다.

"그러게요. 어디서 왔어요?"

"스페인에서요. 저는 엔지니어인데 일주일 동안 미국 여행을 하고 있어요. 보스턴에서 내려온 지 하루 됐어요. 이삼 일간 뉴욕을 구경하려고 해요."

"뉴욕대학교 봤어요? 여기서 가까우니 한번 들러 봐요."

며칠 먼저 구경했다고 지도를 짚으며 아는 체를 해 본다.

"엠파이어스테이트 빌딩 전망대에 가 보셨어요?"

그가 묻는다. 뉴욕에 처음 오면 필수 코스다.

"전망대 올라가려면 몇 시간 기다려야 할 거예요. 차라리 메트로폴리탄 박물관의 루프가든에서 스카이라인을 구경하세요. 정말 멋져요. 참, 그곳 입장료는 20달러로 되어 있지만 내고 싶은 만큼만 내도 돼요. 1달러만 내도 상관없어요."

"그런 입장료도 있어요? 스페인에는 그런 경우가 없어요."

"한국에도 없어요. 당신은 나 때문에 돈 번 줄 알아요."

우리는 같이 낄낄댔다.

"고마워요. 마드리드에 한국 친구가 있는데 같이 내년쯤 한국에 가려고 해요."

"좋죠. 난 1984년에 스페인에 갔었어요."

"어디가 좋았어요?"

"톨레도."

"스페인은 지금 사회가 불안해요."

어느 나라나 현재는 안정된 사회라고 확실히 말할 수 있는 때가 있을까. 세상이 왜 이렇게 혼란스럽고 불공평하냐고 투덜대는 와중에도 시간은 흐르고 역사는 진행된다. 몇 백 년, 몇 천 년 전보다는 전쟁의 횟수가 줄었다는 사실만으로도 현 시대는 태평성대라는 역사가의 말에 이의를 달기는 어렵다. 전쟁 상황이 아니고, 자유 여행을 다닐 수 있는 시대에 사는 것만도 대단한 축복이다. 한국인이 이렇게 자유로이 세계를 누빌 수 있게 된 지 몇 십 년 되지도 않았다.

　모자라는 것에 화내지 말고, 누리는 것에 감사하라는 말은 언제나 효과적이다. 그러나 같이 걱정을 나누고 투덜댈 사람을 만나는 것도 위안이 된다. 해외에서 외국인들을 만나면 그들도 항상 나라 걱정을 하고 있다. 베네수엘라나 멕시코 사람은 물론 미국인도 나라 걱정을 한다. 우리는 모두 애국자다. 사랑하기에 걱정도 한다. 걱정하기에 발전한다. 스페인의 상황도 점점 더 나아지겠지.

　그와 몇 마디를 더 나눈 다음, 좋은 여행하기를 빌어 주며 커피숍을 나섰다.

# 유니언 스퀘어는
# 마당놀이
# 판인가

　뉴욕대 근처에 유니언 스퀘어가 있다. 광장, 햇살, 각종 사람들, 과일, 채소, 꽃, 빵, 계단, 벤치, 거리 공연, 점쟁이, 체스 판, 이런 것들이 있는 곳, 유니언 스퀘어. 여기에 앉아 있으면 삶의 생생함을 느낀다. 산다는 것은 이런 기분이다. 구경과 어울림. 아무 말 안 해도 서로 쳐다보며 너도나도 여기 살아 있구나, 확인하고 안심한다. 사람들의 피부색도 어찌나 다양한지 60색 크레파스를 살색으로만 채우고도 모자랄 정도다.

　지나가는 사람, 자리 찾는 사람, 연주하는 사람, 노래하는 사람, 춤추는 사람, 요가 하는 사람, 자는 사람, 쉬는 사람, 말하는 사람, 듣는 사람, 읽는 사람, 쓰는 사람, 파는 사람, 사는 사람, 두리번거리는 사람, 사진 찍는 사람, 포즈 잡는 사람, 먹는 사람, 마시는 사람, 점 보는 사람, 입 맞추는 사람…. 인간이라는 종의 행태와 특성을 드러내는 요지경 속 일면들을 흘깃흘깃 훑는다. 동물원에 가 원숭이 집단의 동작을 흥미롭게 들여다보듯, 서로 구경한다. 나이, 성별, 직업, 국적 상관없이 공원에 앉아 있는 사람들은 오랜만에 원시적 집단의식, 공동체 의식을 이끌어 낸다. 용광로 속에서 녹아 하나가 되는 것이 아니라 재료 본연의 맛을 지닌 샐러드가 되는 것이다.

유니언(Union) 스퀘어(Square)란 이름은 장소의 성격과 잘 어울린다. 유니언 — 연합, 합동, 단결, 화합, 일치란 뜻을 갖는 장소로 여기만 한 곳이 없다. 1번 애비뉴, 42번 스트리트에 가면 UN이 있지만 몸으로 체험하는 UN은 이곳이다. 시멘트가 강한 이유는 입자의 모양이 다른 모래들이 서로 섞여 있기 때문이다. 그런 면에서 유니언 스퀘어는 세상에서 가장 에너지가 센 공원이다. 한 공간에서 서로를 드러내고, 같은 시간을 즐기는 축소판 인간촌 마당, 이 마당에서의 놀이는 여기 와 그냥 앉아 있는 것으로 족하다. 참 쉽다. 그런데 지루하지 않다.

"하레 크리슈나 하레 크리슈나 크리슈나 크리슈나 하레 하레…."

유니언 스퀘어 한쪽에서 젊은이들이 땅바닥에 모여 앉아 노래를 부른다. 조지 해리슨의 히트곡인 'My sweet lord'를 좋아했어도 이 후렴구가 무슨 의미인지 몰랐다. 그의 일생을 다룬 다큐멘터리를 보고야 이 주문이 크리슈나 신을 찬미하는 것임을 알았다. 인도 힌두사상에 심취한 조지 해리슨이 만든 말년의 곡들은 대개 이런 종교적 색채를 띤다.

한 청년이 다가와 '크리슈나'란 제목의 소책자를 나눠 준다. 1965년 미국에 온 인도의 영적 지도자가 퍼뜨린 크리슈나 의식 운동에 관한 내용이다.

"조지 해리슨의 노래죠?"

내 질문에 청년은 고개를 끄덕이며 책 한 권을 더 내민다. 존 레넌과 조지 해리슨의 얼굴이 표지에 있는데 그들과 크리슈나의 연관성을 설명한 책인가 보다. 가격은 3천 원인데 기부금을 받는단다. 그 책은 사양했다. 그러자 무료로 요가와 채식 식사를 토요일마다 제공한다며 주소가 적힌 명함을 준다. 고맙다고 인사를 하고 자리를 옮겼다.

쌀쌀한 날씨인데도 팬티만 입은 채 수염과 머리를 길게 기른 남자는 'Love'라고 적힌 판을 흔들며 춤을 춘다. 그 앞쪽에선 어떤 젊은이가 책상 위에 무정부주의자들이 쓴 소책자를 늘어놓고 무료로 가져가라고 소리 지른다. 그 젊은이는 내 옆에 서서 책표지를 읽는 남자에게 어디서 왔는지 물었다.

"벨로루시."

"거기 살아요? 아니면 여기 살아요?"

"여기 잠깐 살고 있어요."

뉴욕에선 처음 만나는 사람끼리 꼭 물어보는 질문이 두 가지다. 어디서 왔는지, 그리고 어디서 사는지. 즉, 출신 나라와 여행자 여부를 일단 파악해야 한다. 이는 그만큼 이곳에 다양한 국적의 여행자와 거주자가 많다는 뜻이다. 그 젊은이는 나에겐 질문을 안 하는데 대충 짐작할 만해서인지, 아니면 관심이 없어서 그런지 모르겠다.

무정부주의자 겸 페미니스트인 샤론 프레슬리라는 여자가 쓴 '권력이 아닌 자기 자신'이란 제목의 12페이지 분량의 인쇄물을 집어 들었다. 종교와 국가 권력에 의해 여성의 역할이 규정되는 것에 반대하는 내용이다.

옆쪽을 보니 사람들이 몇 겹을 싸고 둘러선 것이 보인다. 무슨 재미있는 일이 벌어지는 걸까. 얼른 다가갔다. 가운데에는 아이를 포함한 행인 6명이 나란히 서 있다. 아프리카계 청년이 바구니를 돌리며 돈을 모으더니 6명에게 허리를 굽히라고 한다. 한 여자의 등쪽 맨살이 드러나자 그는 조끼를 갖다 가려 준다. 그의 친절에 구경꾼들은 키득거린다. 뭘 하려나. 이윽고 청년이 멀리서 뛰어오더니 나란히 등을 구부린 6명을 훌쩍 넘는다. 이 묘기 하나에 사람들은 1불을 냈다. 내 옆의 젊은 여자는 10불을 넣었다. 이렇게 후한 팁 때문에 거리 공연이 성황인가 보다. 우리나라에선 팁 인심이 인색해 거리 공연이 적은 걸까.

검은 양복을 입은 3인조 기타와 드럼 밴드의 공연에도 사람들이 몰렸다. 노래 없이 울려 퍼지는 수준급 연주와 머리를 위아래로 흔드는 열정적 공연이 끝나자 사람들은 큰 박수를 보냈다. 영적 인도와 현실 비판 같은 무거운 문제 쪽엔 사람이 별로 없는데 묘기와 음악엔 사람들이 모이고 지갑을 연다. 집 안과 사무실, 학교에서 받는 스트레스만 해도 부담이 되니 모두들 가볍게 웃고 즐기고 싶은

가 보다. 여기는 공원이 아닌가.

　서울에도 유니언 스퀘어에 해당하는 곳이 있을까. 사람 구경하기 좋은 장소는 인사동이다. 외국 관광객들이 꼭 들르는 명소이고, 골목길이 좁아 서로 부대끼며 활기를 느낀다. 여기에 앉아서 쉬며 느긋하게 구경할 수 있도록 벤치가 많으면 좋겠다. 의자 대용 대리석은 앉기엔 너무 차갑다. 보기만 해도 냉기가 느껴져 사람을 쫓을 판이다. 광화문 광장은 너무 정치적이고 휑하다. 주말이나 밤에 홍대 근처 연남동 공원으로 모이는 젊은이들도 많은데 주로 술을 마시는 분위기다. 유니언 스퀘어처럼 누구나 언제 들러도 흥미로운 마당놀이가 펼쳐지는 공간이 있으면 좋으련만.

　심심할 때면 유니언 스퀘어가 그립다. 허전할 때도 마음 속 발길은 그곳을 향한다. 그곳의 연합된 어떤 힘이 내뿜는 에너지를 받고 싶어서.

# 뉴요커들은 왜 한국에 왔었나

도서관 책상에 앉아 있는데 맞은편 자리에서 다가온 남자가 어디서 왔냐고 묻는다. 한국에서 왔다니까 "안녕하세요? 반갑습니다."라며 꽤 유창한 한국어로 말한다. 열람실에서 오래 이야기할 수 없어서 복도 의자로 자리를 옮겼다.

"한국말을 잘하시네요."

"서울에서 6개월 동안 영어를 가르쳤어요."

"언제요?"

"5년 전요."

"한국 생활 좋았어요?"

"네, 음식이 맛있어요. 특히 소주. 아, 소주 정말 좋아요."

그는 정말 소주가 그리운 표정이다.

"여기 한인 타운에서도 팔아요."

"네, 조금 비싸요."

"무슨 일 하세요?"

"프리랜서 컴퓨터 프로그래머예요."

"맨해튼에 사세요?"

"바로 옆 퀸즈요."

아직 독신인데 도서관에 기분 전환하러 나왔다는 그는 다시 열람실로 들어갔다. 그사이에 옆자리에는 할아버지 한 분이 와서 앉아 있었다. 그는 우리의 대화를 들은 모양이었다.

"한국에서 왔어요?"

"네."

"난 55년 전에 17개월 동안 비무장지대에서 근무를 했어요."

"그러세요? 제가 태어나기도 전에 한국 땅을 밟으셨네요."

"내가 한국 사람들한테 그 이야기를 하면 대부분 자기가 태어나기 전이라고 하더군요. 하하."

"당시 서울은 정말 형편없었죠. 제대로 된 빌딩도 없었고. 그런데 지금 TV로 보면 놀라워요. 멋진 지하철에다가."

"관심이 많으시네요."

"임진강인가. 그 강도 생각나요."

그때 할머니가 다가왔다.

"내 아내예요."

할아버지는 할머니에게 대화의 상황을 말해 주었다.

"내 남동생도 부산에서 근무했었어요."

할머니가 말한다.

"그러세요? 두 분께 감사를 드립니다."

"한국에 가 보고 싶군요."

할아버지는 한국의 발전상을 눈으로 확인하고 싶은 표정이다.

"요즘 우리 정부에서는 한국에서 참전한 분들을 초청하던데요."

"나도 알아요. 기회 되면 정말 가 보고 싶어요."

노부부는 자리에서 일어났고, 우리는 작별 인사를 했다.

미국인들이 한국에서 체류하는 주된 이유는 군인 아니면 영어 강사로 근무하기 위해서다. 군인으로 왔던 할아버지는 한국에 대한 관심이 표정에 가득했다. 자신이 지켜 준 나라라 더 애착을 느끼는 것 같다. 그분께 커피 한 잔이라도 사다 드리지 못한 것이 아쉬웠다.

오늘은 도서관에서 한국에 왔던 뉴요커를 둘이나 만났다. 한자리에서 한국에 왔던 뉴요커를 둘이나 만날 확률은 얼마나 될까. 이건 확률의 문제가 아니라 한국에 대한 추억을 가진 사람들이 한국인으로 보이는 나에게 다가왔기 때문인 것 같다. 한복을 입고 다니면 한국과 인연이 있는 사람들이 더 자주 말을 걸어오겠지.

# 미국에 온 최초의 한국인은 누구일까

　뉴욕에서 한국인의 자취를 발견하면 기쁘다. 우선 맨해튼 중심부 타임즈 스퀘어에 가면 한국 회사의 광고판들이 가장 좋은 자리를 차지하고 있다. 삼성과 LG, 현대 자동차, 한국타이어의 광고가 번쩍인다. 교민이 운영하는 'Forever 21' 광고도 요란한데 장진숙 창업자는 2012년 미국에서 자수성가한 여성 가운데 최고 부자로 꼽혔다.

　맨해튼 32번가에 자리 잡은 코리아타운 인근 길의 이름은 'Korea Way'다. 처음 이 이정표를 발견하면 자랑스러운 기분이 들지만, 막상 길을 걷다 보면 좀 실망스럽다. 깨끗하기라도 하면 좋겠다는 생각이 든다. 여기에는 은행, 슈퍼마켓, 여행사, 식당 등이 들어서 있다. 국물 요리가 많은 한국 음식의 특성으로 인해 한식당 앞 보도에는 음식 국물이 흐르고 있는 경우가 많다. 음식물 분리수거가 실시되지 않기 때문에 쓰레기를 길거리에 내놓을 때 음식 찌꺼기에서 국물이 새어 나온 것인데 냄새가 좋지 않다. 이 길이 그리 쾌적하지 않아서인지 관광객은 많지 않다.

UN을 방문하면 역대 총장에 한국인이 있어 자랑스럽다. 반기문 총장 사진 앞에서 한국인을 비롯한 많은 사람들이 포즈를 취한다. UN을 뉴욕에 유치하기 위해 록펠러는 도살장 부지였던 이 땅을 사서 헌납했다고 한다. 동물의 피가 흥건했을 이 땅에 세워진 건물에서 인간의 피 흘림을 종식시키기 위한 논의가 행해진다는 것은 역설적이다. UN 총장에 이어 2012년 세계은행 총재에 김용이 임명되는 경사가 일어났다. 오바마 대통령은 한국인이 세계를 지배한다는 농담을 했을 정도다.

피어 17부근을 걷고 있을 때 근처에서 삼성 핸드폰 체험 행사가 열렸다. 지나가던 사람들이 참가해 핸드폰을 만지고 기능을 시험하며 관심을 보인다. 한국산 물건이 일류 제품으로 당당히 대접받으니 기분이 좋다. 어퍼 웨스트 지역의 타임 워너 센터 3층에도 삼성전자 체험관이 있다. TV, 냉장고, 세탁기, 핸드폰 등을 전시해 놓고 최고급 쇼핑몰에서 당당히 넓은 공간을 차지하고 있다.

메트로폴리탄 박물관의 한국관은 중국관이나 일본관보다 규모가 훨씬 작다. 그나마 전시된 물건들은 삼성의 리움 미술관에서 기증한 것이다. 다른 나라 전시관 물건들이 모두 기증된 것인지 약탈한 것인지 알 수 없으나 한국관 규모가 초라하니 기분이 착잡하다.

2011년 센트럴 파크에서는 한류 팬들이 소녀시대, 슈퍼주니어,

샤이니의 노래를 부르면서 한국 가수의 공연을 요구하는 번개 시위를 벌였다. 비나 원더걸스도 알려졌지만, 이때만 해도 한류는 대단하지 않았다. 그런지 일 년 후 싸이는 '강남 스타일'로 전 세계적인 호응을 얻으며 타임즈 스퀘어에서, 또 오바마 대통령 앞에서도 노래하고 춤췄다. 싸이는 흥에 겨워 '한국 만세'를 외치기도 했다. 미국 유학을 경험한 싸이는 뉴욕 한복판에서 자신을 따라 춤추는 구름 관중을 위해 공연하며 감개무량함을 느꼈을 것이다.

월스트리트의 브로드웨이 보도 위에는 '1954. 8. 2.'라는 날짜와 함께 이승만 대통령 이름이 새겨져 있다. 예전에는 외국의 주요 인물이 방문하면 월스트리트 사람들이 주식 시세 표시용 종이인 티커 테이프를 밖으로 던져 환영했다고 한다. 이 대통령 이름을 새긴 바닥돌은 그런 연유로 좁고 긴 티커 테이프 모양이다.

요즘 뉴욕 거리에서 한국인을 마주치는 것은 흔한 일이다. 그들 중엔 교민과 관광객, 출장자와 유학생이 섞여 있다. 특히 맨해튼에 위치한 예술대학의 20~30% 정도는 한국 유학생이다. 그렇다면 미국 땅을 밟은 최초의 한국인은 누구일까.

1882년 조선은 구미 제국 중에 최초로 미국과 수호 조약을 체결한 후, 상호 수도에 전권 공사를 상주시킨다는 협약을 맺었다. 미국은 서울 정동에 상주 공사관을 세웠으나, 조선은 워싱턴에 상주 공사관을 운영할 돈이 없어 1883년 사절단을 보내는 것으로 대신하였다. 이를 보빙 사절단이라고 하는데 단장은 민비의 사촌인 민영익이었고 수행원은 유길준, 변수, 홍영식, 서광범, 현홍택, 고영

철, 최경석이었다.

　일행은 1883년 7월 인천에서 출발해 일본을 거쳐 미 군함 트랜튼호를 타고 가 샌프란시스코, 시카고, 워싱턴, 뉴욕에서 철도회사와 군사 시설, 우체국 등을 시찰했다. 뉴욕에서 아서 대통령을 만나 고종의 친서도 전달했다. 이들 중 홍영식은 미국에서 바로 귀국했고, 민영익, 서광범, 변수는 유럽까지 여행하고 1884년 5월 귀국했으며, 유길준은 미국에 남았다.

　한국인 최초의 유학생인 유길준은 매사추세츠주 더머고등학교와 보스턴대학교에서 잠시 공부했다. 그는 1885년 6월 귀국하는 길에 유럽 8개국을 구경했는데, 돌아와 정치적 이유로 감금되자 그 시기에 '서유견문'을 썼다.

　변수와 서광범은 갑신정변 실패 후 미국으로 망명했다. 변수는 메릴랜드대학에서 농학을 전공해 1891년에 한국인 최초의 미국대학 졸업자가 되었지만, 졸업한 지 4개월 후 열차사고로 숨져 미국의 성당묘지에 안장되었다. 서광범은 1892년 미국 시민권을 받고 연방정부 공무원으로 일하다 갑신정변 연루자의 사면령이 내려지자 돌아와 법무대신이 되었다. 그 후 그는 워싱턴 주재 전권공사로 나왔다가 망명 생활로 일생을 마쳤다. 1900년 고종의 아들 이강은 2명의 시종을 대동하여 버지니아주의 로아노크대학에서 공부하다가 1905년 귀국하였다.

　1965년 미국의 이민법이 개정 되자 한국에서 유학생 외에 이민자들이 대거 들어오기 시작했다. 우리 친척 중에서도 이모와 고모,

삼촌이 미국으로 떠났다. 미국 이민 간 친척이 없는 한국인이 드물 정도다. 그동안 이들은 동양인으로서 우여곡절과 고초도 겪었다. 그러나 백인 중에서도 아일랜드, 이탈리아, 유대인 출신들은 미국에 뒤늦게 정착했기 때문에 초기에 차별 대우를 받았다고 한다. 차별에 대해 지나치게 피해의식을 느낄 필요는 없다.

기득권자의 위세도 세월에 따라 바뀐다. 남미계 이민자들은 다산으로 미래의 투표권을 확보하며 훗날을 다지고 있다. 치열한 국제적 경쟁의 시합장인 이곳에서 생존하려고, 흔적을 남기려고 모두들 피땀과 눈물을 흘리며 오늘도 분투하고 있다. 현재의 한국 사람과 기업의 활약상은 공사관을 운영할 돈도 없었던 조선에서 온 보빙사절단이 도저히 상상조차 해 볼 수 없었던 일이다. 그동안 세상은 급변했다. 앞으로도 그럴 것이다. 백 년은커녕 이십 년 이후의 미래를 예상하기도 어렵다.

# 3

## 음식

컵케이크 만드는 법에 관한 책이 뉴욕 타임즈 베스트셀러에 올랐다. 컵케이크를 잘 만들고 싶은 사람이 이렇게 많을까. 표지의 컵케이크는 강아지 털의 결을 세심하게 표현했다. 컵케이크를 먹으며 강아지와 마음껏 뽀뽀를 즐길 수 있다. 여기서는 케이크가 예술이다. 어느 조각품보다 화려하고 정교하며 귀엽고 아름답다. 웃음과 감동마저 선사한다. 먹을 수 있을까, 너무 예쁘면 먹기가 꺼려지는데. 뉴요커에는 건강식인지 따지는 사람과 음식 모양만 신경 쓰는 사람, 두 부류가 있나 보다.

# 뉴요커는
## 왜 커피를
## 가장 좋아할까

크리스천 랜더(Christian Lander)의 '백인이 좋아하는 것들'이란 책에서 첫 번째 순위로 뽑힌 것은 커피였다. 2위는 부모가 안 믿는 종교, 6위는 유기농 음식, 8위는 버락 오바마 대통령, 11위는 아시아 여자, 13위는 마시는 차, 19위는 해외여행이었다. 종교, 음식, 사람, 여행 그 무엇보다 백인들이 좋아하는 것이 커피였다.

거리엔 테이크아웃 커피를 손에 든 사람이 많다. 미국 영화나 드라마에도 이런 장면이 자주 나오고, 커피를 든 할리우드 스타의 길거리 모습도 공개된다. 한국에서도 커피를 들고 다니며 마시는 사람이 늘고 있다. 커피 전문점이 몇 년 사이에 급속도로 늘면서 생긴 문화다. 유명 상표 로고가 인쇄된 컵을 들면 이상하게 자신감이 생긴다. 세련된 도시인, 깨어 있는 지성인, 부지런한 직장인, 이런 이미지들 중 하나에 가깝다는 착각에 빠진다.

뉴욕의 커피숍은 일찍부터 붐빈다. 아침 8시 반에 커피숍에 가도 노트북을 탁자에 놓고 무언가 쓰거나 검색하는 사람이 몇 명은 있다. 신문을 읽는 사람, 베이글이나 도넛으로 아침 식사를 하는 사람, 커피를 가져가려고 기다리는 사람으로 카페는 북적인다.

스타벅스에서 처음 커피를 주문할 때 두 가지 때문에 당황했다. 하나는 '여기서 먹을지, 가져갈 것인지'를 묻는 질문 "Here or to go?"를 종업원이 너무 빨리 굴려서 발음하는 바람에 무슨 말인지 몰랐고, 두 번째는 이름을 대라는 이유를 몰라서 난감했다. 그 이유는 종이컵에 주문자의 이름을 적기 때문이었다. 자신의 이름이 적힌 컵을 잡으면 나만을 위한 커피라는 생각이 들고, 그만큼 돈을 지불할 가치가 있다고 느껴진다. 차례가 되면 울리는 진동 기계보다 인간적이다.

에스프레소 기계로 뽑은 커피로 만드는 아메리카노, 카푸치노, 카페라테 같은 것 외에 한국에는 특정 원산지 커피를 내린 '오늘의 커피'가 있다. 여기서는 브루드 커피 종류로 순한 맛, 중간, 진한 맛으로 구별된다. 브루드 커피는 즉석에서 따라 주고, 에스프레소 계열의 커피는 기다려야 한다.

커피 값은 한국보다 싼 편이다. 길거리나 슈퍼마켓에서 파는 작은 생수 한 병보다 싼 곳도 있다. 그렇지만 하루에 한 잔만 마시면 몰라도 여러 잔 마시면 커피로 인한 지출이 크다. 돈 모으는 방법 중에 집 밖에서 커피 사 먹지 않기를 포함시킨 기사를 보았다. 백인들이 가장 좋아하는 것이 커피니 그들이 커피에 지출하는 돈은 상당하겠지만, 커피만 마시는 것이 아니라 카페 공간을 활용해 무언가를 한다면 그리 비싼 것만은 아니다. 커피 값은 점점 공간 사용 요금이 되어 간다.

컬럼비아대학 근처 헝가리언 패스트리 가게(Hungarian Pastry Shop)에 간 적이 있다. 실내 벽의 아래쪽 3분의 1은 빨간색이고, 난해한 그림이 여러 점 벽에 걸려 있다. 주문받을 때는 이름을 묻고, 커피가 다 되면 이름을 부른다. 호두 파이와 에스프레소 한 잔에 6달러다. 주방 앞 테이블에는 '스태프용'이라는 표시가 있고, 탁자 위에 신문지, 안경, 먹다 만 수박이 놓여 있다. 카페 손님은 거의 학생들로 보이는데 그룹 스터디를 하거나 혼자 공부한다.

혼자인 사람들은 일제히 출입구를 바라보고 앉아 있다. 한국이나 일본에서는 혼자 앉을 때 출입구를 등지고 앉는 것이 일반적이다. 남에게 혼자 온 것을 보이고 싶지 않은 심리 때문이다. 미국인들은 그 반대다. 총을 차고 다니던 개척시대에 식당에 혹시 적이 들어오는지 감시를 하던 습관이 남아서일까. 어쨌든 그들은 출입구를 정면으로 당당히 대한다.

화장실에 가니 낙서에 '인간은 한 번 산다.'라고 적혀 있다. 그 바로 아래에는 '인간이 아는 한도에서는'이라는 댓글이 달려 있다. 낙서가 고차원적이다. 이런 카페에서 낙서를 주제로 토론하거나, 책을 보며 한나절을 보낸다면 커피 값이 대수겠는가. 헝가리에서 1년간 지내다 온 분에게 이 카페에 대해 이야기했더니 부다페스트에서는 '뉴욕 카페'가 인기란다. 두 카페는 떨어진 채 서로를 향한 짝사랑 중이다. 인간은 언제나 멀리 있는 것을 그리워하는 법이다.

유니언 스퀘어에서 가까운 어느 카페에 갔을 땐 드라마 촬영 중이었다. 한 탁자에 두 명씩 네 사람이 앉아 있었다. 두 명은 엑스트라 배우였고, 주위에는 조명시설이 동원되었다. 대사를 말하는 남자 배우는 피어스 브로스넌을 닮았고, 상대 여자 배우는 젓가락 같이 말랐으며 킬힐을 신었다. 배우들은 주변의 시선을 의식하지 않고 연기에 열중했고, 손님들도 촬영에 관심을 보이지 않았다. 뉴욕 어디에서나 촬영하는 무리를 자주 보기 때문인지, 아니면 비싼 커피를 즐기는 자존심 때문인지 손님들은 자기 일만 계속했다.

동네 주민들이 주로 이용하는 이 카페는 언제나 차분한 분위기를 지니고 있다. 카페 없는 도시는 오아시스 없는 사막이다. 그 커피 한 잔을 앞에 놓고 아침 일찍 카페에서 신문을 읽으면 지역 주민의 일상에 동참하는 기분이 들고, 나아가 하루를 제대로 시작한다는 뿌듯함이 밀려온다. 역시 커피는 아침에 마실 때 최고의 향기를 발산한다.

서울에도 상가 지역은 한 집 건너 카페다. 10년 사이에 카페는 기하급수적으로 늘었다. 커피만으로는 가게 유지가 어려워 책, 옷, 액세서리, 화초를 같이 팔기도 한다. 토종 커피 브랜드인 카페베네는 뉴욕 시내에 매장을 몇 군데 열었다가 문 닫고 말았다. 뉴요커의 커피 입맛은 꽤 까다롭다.

300년 전쯤 베니스에 처음 카페가 생겼을 때 그곳에 드나드는 것은 자랑거리였다. 귀족과 재력가 계층의 남자만 출입했고 거기서 정치와 예술에 대해 토론했다. 바흐는 '커피 칸타타'를 작곡했다. 천 번의 키스보다 사랑스럽고, 포도주보다 부드럽다며 커피를 즐기는 딸을 아버지는 못마땅해한다. 그러나 딸은 약혼자와의 혼인계약서에서 커피를 마실 자유를 허락받는다. 바흐가 이 곡을 만들 당시만 해도 커피는 여자에게 어울리는 음료가 아니었다.

요즘 사람들은 카페도 골라 다닌다. 한 잔을 마시더라도 자신의 취향에 맞는 커피를 찾는다. 맛있다고 소문난 카페는 비싸도 늘 붐빈다. 고급 테이크아웃 커피는 일종의 과시적 장식품이다. 패스트푸드점의 값싼 커피를 들고 다니는 사람은 별로 없다. 마시는 커피 브랜드는 취향과 신분을 가늠하는 하나의 척도가 되었다.

커피는 환한 시간에 어울리고, 술은 어두운 시간을 지배한다. 커피는 깨어 있게 하고, 술은 몽롱하게 만든다. 우리나라 사람들은 좋아하는 것으로 커피와 술 중 무엇을 앞 순위에 올릴까.

# 브런치는 명랑한가

　미국 식당 냄새는 고소하고 달콤하다. 버터와 설탕, 밀가루와 커피 냄새가 섞여 명랑하고 유쾌한 분위기를 만든다. 냄새치고는 유아적이지만, 기분을 가볍고 들뜨게 한다. 막상 먹으면 별것 아닌데도 다음 날이면 또 브런치 식당 쪽으로 발길이 향한다. 즐거운 기분을 사러 가는 것이다.

　한국 음식은 더 다양한 냄새를 가지고 있는데 대체적으로 강하고 오래된 냄새를 풍긴다. 마늘과 파, 된장과 고추장의 냄새가 지배적이어서 끈질기고 화끈하다. 깊이를 느낄 수 있는 노년적인 맛이다. 자학적 쾌감마저 유발하는 중독성은 입맛에 깊이 각인되어 일정 기간 동안 충족되지 않으면 불안감마저 유발한다.

　양식은 브런치에 어울리고, 한식은 저녁 식사에 어울린다. 낮에는 심각한 음식보다는 명랑한 음식을 먹고 싶다. 뉴욕에서 늦은 아침에 브런치 식당에 가는 것은 즐거운 나들이다. 양식에서 내가 가장 좋아하는 것은 브런치에 다 있다. 스테이크나 생선 요리보다 빵과 잼, 계란과 소시지, 샐러드와 감자튀김이 더 좋다. 여기에 커피 한 잔만 곁들이면 그만이다.

브런치 메뉴로는 샌드위치가 대세다. 메뉴판에서 맨 위에 올라 있는 'B.L.T. 샌드위치'라는 것을 보고 시켰더니 베이컨과 양상추, 토마토가 들어간 샌드위치였다. 이 세 가지의 첫 알파벳을 따 이름을 붙였다. 이 정도는 집에서도 간단히 만들어 먹을 수 있지만 나와서 먹는 이유는 역시 기분 전환 때문이 아닐까.

한국에도 분위기 좋은 브런치 식당이 많아졌지만, 90년대만 해도 브런치란 단어조차 생소했다. 1989년 멕시코에 갔을 때 주부들이 아이들을 학교에 보내자마자 멋진 식당에 하나 가득 앉아 이야기를 나누는 문화가 신기했다. 11시쯤도 아니고 9시 조금 넘어서부터 점심시간이 지나도록 식당은 여자들로 붐볐다. 아침부터 마스카라와 매니큐어까지 완벽한 치장을 한 것도 놀라웠다. '무차차'라고 불리는 소녀들을 도우미로 한두 명 또는 서너 명씩 데리고 있는 부인들은 몸치장하고 브런치나 먹으면 되는 모양이었다.

신기한 문화라고 여겼는데 이제는 한국의 브런치 식당도 아이들을 학교에 보낸 주부들로 만원이다. 만나서 하는 이야기는 아이들 공부에 대한 정보 교환이 대부분이다. 단조로운 집안일에서 벗어난 홀가분함보다는 무언가 정보를 얻어 가야 한다는 강박이 그들의 표

정에서 나타난다.

　뉴욕도 동네의 식당마다 접시 하나씩을 앞에 놓고 열심히 이야기하는 사람들로 붐빈다. 여러 명씩 모이기보다는 둘인 경우가 많다. 주부들보다는 직장인이나 학생이 다수인데 관계는 친구나 동료, 연인일 것이다. 가벼운 음식을 먹으며 이야기를 나누는 것은 살면서 가장 달콤한 순간 중 하나다. 브런치 식당에 앉아 있는 사람들은 다 행복해 보인다. 부드러운 냄새를 맡아서 그런 걸까.

# 통곡물과 유기농 식품이 대세인가

"건강이 재산이다(Health is Wealth)." 뉴욕의 한 식료품 가게 간판에 쓰여 있는 말이다. 인생에서 가치 있는 것이 많지만, 건강을 잃으면 아무 소용이 없다. 현대인은 건강을 지키기 위해 안간힘을 쓴다. 건강에 대한 강박증으로부터 뉴요커도 예외가 아니다. '웰빙'을 외치며 건강식에 관한 관심이 지대한 한국보다 정도가 심한 것 같다.

크리스천 랜더의 '백인이 좋아하는 것'이라는 책에서 5위에 오른 것이 장터(Farmer's Market)고, 6위가 유기농 음식이다. 그들은 농부가 자신의 농산물을 직접 파는 장터에서 신선한 유기농 식품을 사서 먹는 것을 좋아한다. 미국 사람은 대부분 패스트푸드에 길들여져 있는 줄 알았는데 의외다. 이 책에서 조사 대상이 도시에 거주하는 지식인 위주인 것을 감안해도 그렇다.

맨해튼 곳곳에서 장터가 열리지만, 유니언 스퀘어의 장터가 제일 크다. 격일로 열리는 이 장터에서는 과일과 채소, 빵과 잼, 허브와 화초 등을 판다. 노천 공터에 진열된 채소와 빵은 농부의 손길과 산지의 기운을 직접 느끼게 한다. 간단한 음식을 사서 옆의 벤치에서 먹는 학생, 장을 보러 나온 할머니, 구경하는 관광객으로 장터는 항상 붐빈다. 근처에 학교가 있고, 유동인구가 많은 지역이라 활기가 넘친다.

유기농 음식의 신뢰성 여부를 놓고 의견이 엇갈리기는 하지만, 유기농을 표시하는 딱지가 붙은 식품 종류가 차츰 늘어만 간다. 유기농 딱지가 없는 음식을 살 때는 꺼림칙해진다. 음식물도 이제는 철저히 고급과 저급으로 나뉜다. 유기농이 아닌 것을 먹으면 천민이 되는 기분이다. 유기농 음식을 먹는 귀족이 되려면 돈을 많이 벌든지, 손수 농사를 지어야 한다.

유기농 슈퍼마켓에 가면 요구르트 진열대 앞에서 난감해진다. "어떤 물건을 사느냐가 그 사람을 규정한다."는 말처럼 "어떤 요구르트를 사느냐가 그 사람을 규정한다."는 생각이 들기 때문이다. 요구르트의 종류가 원유 외에 저지방, 무지방으로 나뉘는 것은 보았지만, 이곳에는 우유 알레르기를 유발하는 유당을 뺀 것, 10가지 배양균을 넣은 것, 유대인을 위한 코셔 인증품, 채식주의자를 위해 아몬드나 코코넛, 콩으로 만든 요구르트도 있다.

아몬드 요구르트의 성분은 아몬드, 물, 콩 단백질, 치커리 뿌리 추출물, 쌀 단백질, 쌀 전분, 타피오카 등으로 이루어져 있다. 요구르트 말고 아몬드 밀크도 인기다. 고소하고 담백해서 우유 대신 마시기 좋다. 코코넛 요구르트의 성분은 코코넛 크림, 물, 설탕시럽, 치커리 추출물, 타피오카이고, 뚜껑에는 '평균적으로 코코넛 나무 한 그루가 일 년에 75개의 열매를 생산한다.'는 설명도 있다. 코코넛의 고소한 맛이 살아 있는데 느끼하지는 않다. 콩 요구르트의 성분은 두유, 설탕, 바닐라이고, '콩 재배할 때 살충제와 비료 안 뿌림', '유전자 변형 식품이 아님'이란 설명도 달려 있다.

이외에 아즈텍의 건강식품으로 알려진 치아 씨앗을 넣은 요구르트도 보인다. 치아 씨앗은 민트 계통 식물의 씨앗으로 깨알만 하고 물에 넣으면 투명한 막이 부풀어 말랑해진다. 특별한 맛은 없는데 씹으면 톡 터지는 식감을 준다.

식빵은 통곡물로 만든 것이 대부분이다. 우리나라에서는 아직 흰 식빵이 대부분인데 여기선 흰 식빵을 찾기 힘들다. 통곡물이 7가지, 12가지 또는 15가지 들어 있다고 포장 비닐에 큼지막하게 적어 놓았다. 15곡 식빵을 사서 토스터에 구웠더니 구수하다. 예전에 유럽에서는 먹는 빵의 색깔이 밝을수록 높은 신분이었지만, 모든 이들이 흰 빵을 먹을 수 있게 된 지금은 그 반대다.

퀴노아도 뉴요커들 사이에서 인기 있는 곡물이다. '곡물의 어머니'로 불리며 잉카제국 때부터 재배돼 이 농작물은 조와 비슷하게 생겼는데 식이섬유와 영양이 많다. 익혀서 샐러드에 섞어 먹거나 빵과 과자에도 넣고, 볶음밥처럼 먹기도 한다. 슈퍼마켓의 한쪽에 마련된 뷔페 음식 코너에도 퀴노아 요리가 빠지지 않는다. 이곳에는 몸에 나빠 보이는 음식은 하나도 없다. 샐러드와 버섯 같은 식물성 음식이 대부분이고, 닭 가슴살과 생선이 약간 있을 뿐이다.

쌀의 종류도 다양하다. 현미, 흑미, 적미, 백미에 모양도 제각각이다. 뉴욕에 와서 100% 현미밥을 더 자주 먹는다. 중국이나 베트남 식당에서는 요리에 밥 한 공기를 추가로 주는데 백미나 현미 중에서 선택할 수 있다. 어떤 곳에서는 현미를 시키면 추가 요금을 내야 한다. 월스트리트 근처의 캘리포니아 롤을 파는 편의점에서는 현미를 사용한 롤이 90% 이상을 차지한다.

유기농 슈퍼마켓을 한 바퀴 돌고, 밖에 나가 피자나 햄버거, 닭튀김을 바라보면 먹고 싶은 마음이 싹 달아난다. 이런 것을 먹으면 내 몸에 몹쓸 짓을 한다는 죄책감이 들기 때문이다. 뉴욕에 살면 채식주의자가 될 확률이 높아진다. 유기농 슈퍼마켓이 분위기를 확실히 그렇게 몰아간다. 점점 더 식품에 대한 까다로움을 부추기는 이 슈퍼마켓에 가지 않는 것이 강박에서 벗어나는 길이지만, 한번 가면 또 가게 된다. 비싸니 필요 이상으로 안 사게 되는 것은 장점이다.

어느 날, 숙소 앞에서 택시를 탔다. 기사는 아프리카계인데 그는 길 건너 슈퍼마켓에서 아침 식사로 과일을 사 먹고 나오는 길이라고 한다. 그 가게가 유기농 음식을 많이 팔아 좋다고 덧붙인다. "그렇죠, 유기농인지가 중요하죠." 하고 맞장구를 치니 "내 고향 아프리카에서는 모든 음식이 유기농인데 말이죠."라고 한다. 그러게 말이다. 문명사회는 언제부터 유기농 식품이 귀한 존재가 되었는가.

# 컵케이크는 예쁘기만 하면 될까

컵케이크 만드는 법에 관한 책이 뉴욕 타임즈 베스트셀러에 올랐다. 컵케이크를 잘 만들고 싶은 사람이 이렇게 많을까. 표지의 컵케이크는 강아지 털의 결을 세심하게 표현했다. 컵케이크를 먹으며 강아지와 마음껏 뽀뽀를 즐길 수 있다. 여기서는 케이크가 예술이다. 어느 조각품보다 화려하고 정교하며 귀엽고 아름답다. 웃음과 감동마저 선사한다. 먹을 수 있을까, 너무 예쁘면 먹기가 꺼려지는데. 뉴요커에는 건강식인지 따지는 사람과 음식 모양만 신경 쓰는 사람, 두 부류가 있나 보다.

세계적 명성을 얻은 매그놀리아 컵케이크 가게에 갔다. 줄 선 사람들 중 젊은 중국인 커플이 보인다. 남자는 여자가 줄 선 모습, 케이크를 사는 모습, 의자에서 먹는 모습을 촬영하더니 거리로 나가

창가에 앉은 모습도 찍는다. 그의 지극정성이 컵케이크보다 달다. 이 집의 컵케이크 맛은 기대 이상은 아니다. 그래도 상상한 맛인지 확인은 해 봐야 궁금증이 풀린다.

한국의 백화점에도 매그놀리아 컵케이크 가게가 들어왔다. 개장 초기 몇 개월 동안 그 집 컵케이크를 맛보려면 줄을 한 시간 넘게 서야 했다. 손님은 주로 젊은이들이었다. 컵케이크에 이렇게 관심이 많은가, 놀랐다. 하긴 명성을 확인하고 싶은 마음은 누구에게나 있다. 친구보다 빨리 먹어 보려는 경쟁심도 발동했나 보다.

요즘은 내가 무엇을 먹었는지 자랑하는 시대다. 의식주 중에서 의에 해당하는 패션 제품을 자랑하려면 돈이 너무 많이 들고, 주에 해당하는 집은 금액이 더 큰 데다 보여 주면 사생활이 공개될 위험이 있다. 그러나 음식을 먹은 자랑은 만만하다. 사진발 잘 받는 컵케이크 사진을 남보다 먼저 인터넷에 올려 얼리어답터로서의 자존감을 과시하려는 깨알 욕구를 누가 탓하겠는가. 인간은 우월을 추구하는 존재다. 아주 미세한 우월일지라도.

NEW YORK TIMES BESTSELLER

# Hello, Cupcake!

*Irresistibly playful creations*
*anyone can make*

Karen Tack & Alan Richardson

# ■ 야외 테이블을
더 좋아하는
이유는 무엇일까

　뉴욕의 식당이나 카페는 옥외에 조금만 공간이 있어도 식탁을 밖에 내놓은 곳이 대부분이다. 비좁은 보행로 한쪽을 차지한 옥외 좌석은 그리 쾌적하지 않다. 햇볕이 내리쪼이고, 식탁은 협소하다. 바로 옆 차도에서는 자동차 매연이 뿜어져 나오며, 소음이 대화를 방해한다. 행인이 피우는 담배 연기도 날아오고, 관광객 무리가 식탁을 쳐다보며 지나간다. 거리의 먼지도 접시에 내려앉고, 음식이 빨리 식는다.

　이런 불편에도 불구하고 뉴요커는 식당에 가면 실내보다는 옥외 좌석에 앉고 싶어 한다. 좌석은 옥외 쪽부터 찬다. 건물이 수리 중이라 철근을 밖에 얼키설키 세워 놓았는데도 식탁은 그대로다. 그 철근 사이에 사람들이 빼곡히 앉아 있는 광경은 신기하기만 하다.

이유가 무엇일까. 왜 그렇게 옥외 좌석이 좋을까. 몇 가지 추측을 해 본다. 첫째, 도시의 밀폐된 공간에서 벗어나려고, 둘째, 햇볕을 즐기며 담배를 피우려고, 셋째, 자신을 보여 주고 남도 보려고.

뉴요커들 대부분은 고층의 비좁은 공간에서 생활한다. 임대료가 비싸 한집에서 여러 명이 공동생활을 하는 경우가 많고, 사무실도 고층빌딩에 있다 보니 밥 먹을 때만이라도 개방된 공간에서 하늘과 땅의 기운을 받고 싶은가 보다.

멜라닌 색소가 부족한 백인들은 햇빛을 즐긴다. 화창한 날엔 잔디에 모여 해바라기가 된다. 야외 식탁에서 식사를 하는 동안에도 모자라는 비타민D를 보충할 수 있다. 또한 담배를 피우는 사람들이 많은 것도 한 가지 이유인 것 같다. 실내에서는 금연이니까 햇볕 아래에서 담배를 피우며 긴장을 완화하려나 보다.

뉴요커는 자신을 보여 주고 남을 보는 것도 좋아한다. 특히 백인은 다른 인종의 사람들 속에 자신만 백인인 상태를 즐긴다고 한다. 일종의 우월의식이랄 수 있다. 옷차림도 노출이 심한 것으로 보아 자신을 드러내려는 욕구와 자신감이 강한 것 같다. 그들은 길거리에 앉아 자신을 드러내고, 남도 보려 한다.

한국도 카페에 테라스를 설치해 옥외 좌석을 마련해 놓은 곳이 늘었다. 젊은이들은 옥외 좌석을 좋아한다. 추운 겨울에는 덜덜 떨며 담요를 덮고 밖에 앉아 있기도 한다. 기미 생길까 봐 햇볕 보기를 원수 보듯 하는 중년 여인들은 안쪽의 창가 자리도 극구 피한다. 젊은이들은 구세대보다 체격과 인물이 더 좋고, 세련된 패션 감각을 갖췄다. 그들도 옥외 좌석을 좋아할 만하다.

센트럴파크에 갔다가 흰 옷 입은 사람들이 모여 잔디밭에서 식사하는 것을 보았다. 이는 '순백의 만찬(Diner en blanc)'이라는 행사다. 1988년 프랑수아 파키에라는 프랑스 사람이 친구들과 블로뉴 숲에서 흰 옷을 입고 식사한 것이 시작이다. 이런 식의 파티는 25개국 60여 개 도시에서 유행이 되었다.

서울에서도 2016년 반포 한강공원에서 천여 명이 모였다. 모르는 사람끼리 게릴라식으로 모여 식사를 하며 공동체의식을 다졌다. 밖에서 먹는 상쾌함, 함께 먹는 재미, 통일된 흰 옷으로 느끼는 소속감을 누리고 싶은 마음엔 국경이 없나 보다. 요즘은 친한 친구끼리도 약속 잡기가 힘들다. 셋 이상이 스케줄을 맞추려면 몇 달 후가 된다. 이렇게 모르는 사람끼리 어느 날 시간 되는 사람만 모이는 방식이 마음 편할 수도 있다. 천 명이 넘게 모인 이유도 그런 약속 잡기에서 해방되었기 때문이 아닐까. 또한 피크닉은 잔디에서 마음껏 뛰놀던 동심을 불러일으킨다. 어른에게도 때로는 놀이가 필요하다. 드레스코드를 맞추고, 야외로 음식을 싸 가는 모임에 참여하는 것은 원초적 집단 놀이에 대한 욕구도 충족시킨다.

식당에서 옥외 좌석을 선호하는 사람들은 피크닉 나온 듯한 설렘과 개방성을 즐기고 싶은지도 모르겠다.

## 스테이지 도어의
## 수프 맛은
## 어떨까

한국인은 따끈한 국과 밥에 김치가 있으면 한 끼 식사를 뚝딱 해치운다. 양식 중에서 국밥에 해당하는 것이 수프와 빵이다. 나는 맛있는 수프와 빵이면 만족한다. 샐러드나 스파게티, 스테이크 이런 것보다 수프가 더 좋다.

펜스테이션 지하철역 근처를 지나다 어느 식당 유리창 안쪽으로 사람들이 꽉 찬 것을 보았다. 식탁을 보니 음식도 푸짐하고 맛있어 보였다. 식당 이름은 '스테이지 도어(Stage Door)'인데 이름 옆에 별이 4개나 붙어 있었다.

며칠 후, 그 식당으로 갔다. 식탁에 앉으니 종업원이 서비스로 각 사람에게 양배추 샐러드를 주고, 오이 피클도 푸짐하게 가져온다. 이렇게 반찬 인심 좋은 양식당은 처음 보았다. 김치를 비롯한 반찬을 넉넉히 제공하는 한식당처럼 너그럽다. 기분이 좋아져 수프와 샐러드, 오믈렛, 패스트라미 샌드위치를 시켰다. 셋이 먹기에 충분한 양이다. 그런데 옆 좌석을 보니 감자튀김이 너무 먹음직스러워 추가로 주문했다. 종업원은 웃으며 감자튀김을 무료로 갖다 준다. 감자튀김도 반찬에 해당되나. 커피는 잔이 빌 때마다 계속 채워 준다. 식당이 아니라 친구네 집에 온 기분이 들었다.

옆자리의 두 여자는 각각 햄버거를 시켰는데 3분의 2 정도를 남기고 자리를 떠났다. 조금 먹을 거면 하나만 시켜 나눠 먹으면 될 텐데. 아니다, 그들은 남과 한 접시의 음식을 나눠 먹는 것을 지독히 싫어한다. 몇 년 전, 집에서 캐나다 출신의 영어 강사에게 스파게티를 대접한 적이 있다. 샐러드는 식탁 가운데에 한 접시만 놓았더니 그녀는 손도 대지 않았다. 철저히 자기 접시에 놓인 음식만 먹는 것을 보고 문화적 차이를 느꼈다.

뚝배기에 담긴 된장찌개 한 그릇을 같이 먹거나 반찬을 공유하는 것도 한식을 세계화할 때는 조심해야 한다. 옛 양반들은 작은 소반에 독상을 받아 식사했다. 상까지 따로 쓰니 같은 식탁에 앉은 사람의 침이 음식에 튈 염려도 없다. 서양인보다 훨씬 더 위생적이었다. 양반이 사라지니 독상 문화도 사라졌다.

다음번에 스테이지 도어에 갔을 때는 별로 배가 안 고파서 수프와 팬케이크만 시켰다. 곰탕만큼 양이 많은 콘 차우더가 배를 채워 주고, 마음을 달래 준다. 사람은 음식을 통해 영양분과 함께 사랑을 원한다. 집에서 엄마가 해 주는 음식은 조금만 먹어도 뿌듯하다.

식당의 음식은 무언가 허전할 때가 많다. 요리사가 사랑이라는 조미료를 넣었느냐에 먹는 사람은 민감하게 반응한다.

　다른 사람이 해 준 음식을 먹을 때는 나도 그런 따뜻한 느낌을 원한다. 눈에 보이지도 않는 재료지만 우리는 그걸 신통하게 감지한다. '따뜻함'과 '정'을 신체의 반응에서는 동일시하는 것일까. 높은 온도로 인한 착각이라고 해도 괜찮다. 날씨가 춥거나 배 속이 허전하고 외로울 때 양식에서는 수프가 최고다. 스테이지 도어의 수프엔 정이란 약이 담겨 있다.

# 쌀국수의
# 고수를
# 즐기는가

태국과 베트남 음식은 뉴욕에서도 인기다. 한국 음식보다 훨씬 먼저 보편적으로 국제화되었다. 조리법은 주로 여러 재료를 섞어서 볶는 중국 음식과 비슷하다. 나도 태국과 베트남 식당에 자주 간다. 태국과 베트남 음식은 역시 쌀 맛이다. 난 쌀국수와 볶음밥 때문에 동남아 음식을 좋아한다.

볶음밥은 안남미라 불리는 찰기 없는 쌀로 볶아야 제맛이 난다. 볶음밥 안의 밥알이 따로따로 놀고, 야채와 고기도 제각각 흩어졌다 모여 맛이 어우러진다. 안남미로 지은 밥은 많이 먹어도 수화가 잘되는 장점도 있다.

쌀국수는 베트남 식당이 최고다. 캘리포니아 어바인에 살 때 한국 슈퍼마켓에 다녀오는 길에 베트남 식당에 들러 쌀국수를 사 먹는 것이 큰 낙이었다. 고기도 듬뿍 들어 있고, 뜨끈한 국물까지 다 마시고 나면 포만감에 행복했다. 바질이나 고수에도 익숙해져 독특한 향을 즐기게 되었다.

태국 식당은 인테리어가 다른 나라 식당보다 세련된 편이다. 음식을 제공할 때도 미학을 중시한다. 밥을 원추형으로 담아 내오는 것을 보아도 알 수 있다. 태국 음식 중 좋아하는 것은 고수가 올라간 똠양꿍이다. 푸켓에 갔을 때 관광지에서 벗어나 허름한 식당에서 먹은 똠양꿍의 맛은 일품이었다. 생강을 듬뿍 넣고 우려내 속을 후련하게 풀어 주었다. 한국의 해장국이 생각나는 맛이다. 그런데 태국이 아닌 곳에서 먹는 똠양꿍은 들척지근한 맛이 나는 경우가 대부분이다.

한국에서도 젊은이들이 동남아 음식을 좋아한다. 인기 있는 쌀국수 집은 줄을 서야 한다. 고수 향을 좋아하는 사람도 늘었다. 이국적 음식 중에서는 동남아 음식이 한국인의 입맛에 잘 맞는다. 고수가 관건이기는 하지만 고수를 즐겨야 제대로 맛을 이해한다. 문제는 낯선 맛을 받아들일 마음이 있는지의 여부다. 세계의 맛을 품고자 하는 사람은 대체로 다 잘 먹고, 내 맛만 고집하는 사람은 새 시도를 거부한다. 젊은이들이 동남아 음식을 더 좋아하는 이유는 나이 든 사람보다 마음을 더 열기 때문이다.

유니언 스퀘어 근처의 동남아 음식점에 가서 오리 쌀국수와 비빔밥을 시킨 적이 있다. 오리 쌀국수는 맑은 국물이 아니고 땅콩을 갈아 넣은 맛이 났다. 비빔밥은 한국식 나물이 아닌 생야채와 볶은 야

채, 버섯, 닭고기를 매콤달콤한 소스에 비벼 먹는다. 전통식이 아
닌 퓨전 음식이다. 이 음식점의 실내는 단순하고, 벽에 걸린 누들
과 모델의 사진은 현대적이다. 음식을 가져오는 사람들의 차림도
세련되어 있다.

내 테이블을 담당하는 사람은 백인과 흑인 피가 섞인 근육질의 미
남자다. 몸에 찰싹 붙는 흰 티셔츠와 검은색 캐주얼 바지를 입었는
데 모델인가 싶다. 그는 손님의 일거수일투족을 쳐다본다. 나무젓
가락 포장지를 벗겨 식탁에 내려놓자마자 가져가고, 물 컵이 반 이
상 비면 어느 틈에 와서 채워 놓는다. 치울 그릇이 나오면 손 떼기
무섭게 가져간다. 지나치게 동작이 빨라 눈치가 보인다.

웨이터가 너무 잘생기고 신속한 서비스를 하니 팁을 두둑하게 줘
야 할 것 같은 부담도 생긴다. 먹을 땐 그저 음식에만 집중할 수 있
는 환경이 최선이다. 강아지도 먹을 때 남이 지켜보는 것을 싫어한
다. 느끼한 맛을 잡아 주는 고수의 향을 즐길 여유마저 앗아 가면
곤란하다.

# 구아카몰과
세비체로 만나는
멕시코 맛은 어떨까

월스트리트의 직장인과 주민이 모이는 식당가에 갔다. 좁은 골목인 스톤 스트리트를 차지한 야외 식탁에 앉아 사람들이 음식을 먹으며 이야기를 한다. '미친개와 콩들(Mad dog & Beans)'이라는 독특한 상호를 가진 멕시코 식당 앞에 서 있는 종업원에게 야외 자리가 있냐고 물으니 고개를 흔든다. 할 수 없이 식당 안쪽 자리로 갔다. 실내가 에어컨 때문에 더 시원하긴 하다.

구아카몰과 세비체를 주문했다. 구아카몰은 아보카도 으깬 것에 토마토와 청고추, 양파 다진 것을 섞은 음식인데 토르티야 칩과 함께 먹는다. 세비체는 새우에 토마토와 청고추, 양파 다진 것을 섞은 칵테일 요리다. 멕시코 음식에서 토마토와 청고추, 양파는 필수적인 식재료다. 이 세 가지 식재료의 조합은 맛과 모양에서 그것만으로도 환상적이고, 다른 음식과도 잘 어울린다. 여러 요리에 곁들이는 멕시칸 살사는 이 세 가지와 고수로 만든 소스다. 빨강, 초록, 흰색은 멕시코 국기를 3등분하는 색깔이기도 하다.

토르티야 칩으로 구아카몰을 떠서 먹으니 바삭거리는 소리와 함께 고소함이 느껴진다. 멕시코에 살 때 동네의 쇼핑센터 앞에서 원주민 할머니가 팔던 타코가 생각난다. 할머니는 따끈따끈한 토르티야에 감자 으깬 것이나 선인장 볶은 것을 넣어 주었다. 할머니의 손길과 시골의 정이 담긴 소박한 맛이었다. 고향의 음식처럼 먹고 나서도 정서적 포만감이 오래 남았다. 그런 음식은 식당에 없다. 프랑스의 수도원에서 먹었던 투박한 전원 음식도 프랑스 식당에는 없다. 엄마 음식이 식당에 있을 리 없는 것처럼.

세비체는 멕시코의 휴양지를 떠올리게 하는 음식이다. 싱싱한 새우로 만든 세비체를 먹었던 때는 늘 바닷가에서의 한가하고 즐거운 시간이었다. 세비체는 내게 행복한 추억을 되살리는 음식이다. 아카풀코, 칸쿤, 푸에르토 바야르타의 바다와 리조트가 머릿속으로 펼쳐지게 만드는 음식이다. 한 입 먹을 때마다 투명한 물결이 출렁이며 마리아치의 노래가 퍼진다. 이 식당은 멕시코 노래 대신 미국 음악을 틀어 추억을 방해한다. 음악 소리도 크고, 바 같은 분위기다. 리한나의 노래가 나오자 사람들은 더 목청을 높여 떠든다.

미국엔 멕시코 음식점이 흔하다. 미국인들은 부리토를 햄버거만큼 자주 먹는다. 멕시코와 국경을 맞대고 있어서 음식도 영향을 많이 받았고 자기네 음식인 것처럼 즐긴다. 월스트리트 직장인들도

퇴근 후 나초를 안주 삼아 맥주나 데킬라를 마시며 수다를 떤다.

화장실에 갔더니 화장실 문짝의 남녀 구분 표시가 독특하다. 남자는 해골에 별과 수염을 그렸고, 여자는 해골에 하트와 장미를 얹었다. 별과 수염은 남자의 야망과 권위를, 하트와 장미는 여자의 사랑과 미모를 나타내는 것일까. 이런 정형된 이미지는 별로지만 화장실 찾기를 헷갈리게 하면 곤란하겠지. 화장실에서 나오며 해골을 다시 번갈아 쳐다본다. 별을 추구하는 여자, 미모를 추구하는 남자도 많은데.

# 왜 9번째
## 맛있는 피자가
## 되었나

펜스테이션 지하철역 부근을 지나다가 '뉴욕에서 9번째로 맛있는 피자집'이라는 광고를 내건 가게를 발견했다. 그렇지, 얇은 반죽으로 유명한 뉴욕의 피자 맛은 보고 가야지. 피자 맛집 1위에 올라 있는 소호 근처의 롬바르디나, 브루클린에 위치한 5위의 그리말디 맛은 못 보더라도. 얼마 전 1위와 5위 가게에 갔을 때, 두 곳 다 가게 밖에 늘어선 줄이 30m도 넘어 보였다. 아무리 유명한 피자라 해도 기다리는 것은 싫었다. 9등 피자는 바로 먹을 수 있어 가게로 들어갔다.

이 집은 1964년부터 영업했는데 피자 한 판은 22~25달러고, 한 조각은 4달러 정도다. 일행이 세 사람이고 배가 고프지 않아서 버섯 피자, 하와이언 피자, 바질 피자 한 조각씩을 주문했다. 그야말로 맛만 보려는 것이다. 나온 피자의 반죽은 얇고 바삭바삭하고, 맛이 대체로 짠 편이다. 캘리포니아에서 먹은 피자도 무척 짜게 느껴졌는데, 이 집 피자도 그런 것을 보면 미국인들은 피자를 짜게 먹는가 보다.

짠 피자 못지않게 놀란 것이 케이크다. 슈퍼마켓에서 파는 케이크를 한 번 샀다가 다 버린 적이 있다. 달다 못해 이가 시리기까지 해서 도저히 먹을 수 없었다. 이렇게 강한 단맛과 짠맛의 음식을 먹을 때는 소다수를 잔뜩 마시게 된다. 미국인들이 피자는 덜 짜게, 케이크는 덜 달게 만들면 비만 인구가 줄어들 것 같다. 어쨌거나 1등 피자 맛은 어떤지 몰라도 9등 피자의 맛은 별로다.

여행지에서 맛본 음식은 눈으로 본 풍경만큼 기억에 남는다. 그래서 보는 것만큼 먹는 것이 중요하다. 로마 거리에서 사 먹은 관광객용 피자는 형편없었지만, 나폴리의 허름한 식당에서 먹은 피자 맛은 평생 잊을 수 없다. 바닷가 주민에게 추천받아 찾아간 식당이니 본토 맛을 내는 집이 확실했다. 반으로 접어 커다란 만두처럼 생긴 칼조네 피자는 그때 처음 보았는데, 녹은 치즈가 잘 식지 않아 부드럽고 고소하며 짜지도 않았다. 세계적 미항이라는 명성을 지닌 나폴리 항구의 풍경은 기대에 못 미쳤지만, 화덕에 구운 칼조네 피자 맛만은 최상이었다.

뉴욕 거리를 지나다 야채를 잔뜩 집어넣은 만두 형태의 피자를 보긴 했지만 맛은 안 보았다. 칼조네에 대한 내 기대치가 워낙 높기 때문이다.

피자는 맛도 맛이지만 모양으로 승부하는 음식이다. 커다랗고 둥그런 밀가루 판 위에 소시지와 피망, 버섯 조각이 놓이면 식용 장난감이 완성된다. 먹을 때는 코를 킁킁거리며 8조각으로 자른 다음, 하나를 손에 쥐고 만지면서 베어 먹는다. 시각과 후각, 미각과 촉각을 만족시키는 동시에 입으로 베어 먹는 간편함까지 갖춘 피자만큼 아이들 취향에 맞는 음식은 없다. 여자가 브런치에 감동하듯, 아이는 피자에 감동한다. 어릴 적 받은 감동은 어른이 되어서도 남는다. 그 탓에 유명 피자집 앞에는 가족 단위 손님이 많은 편이다.

　뉴욕에서 아홉 번째로 맛있다는 피자는 내 입맛에는 안 맞았지만, '9번째'라는 문구의 광고 효과는 대단하다. 인간은 순위 매기기를 좋아하고, 순위에 민감하다. 또 높은 순위에 올라 있는 것이 그만한 가치가 있는지 확인하고 싶어 한다. 아홉 번째의 맛이 궁금한 행인은 앞으로도 가게 문을 열고 들어갈 것이다.

# 팔라펠과 할랄이 무엇일까

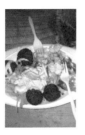

　뉴욕대학교 인근의 중동음식점에서 팔라펠(falafel)을 먹었다. 두어 평 될까 싶은 가게 안에는 식탁이 두 개 있고 바깥에도 두어 개 있다. 마침 점심때라 대학생들로 붐볐다. 점원이 어디서 왔냐고 묻더니 한국이 축구를 잘한다며 여기 한국 학생이 자주 온다고 수다를 떤다. 마침 가게 안쪽 식탁이 비어 자리를 잡고 앉았다.

　팔라펠은 녹색의 콩을 갈아 동그랗게 뭉쳐 튀긴 요리다. 양상추채 썬 것과 같이 나오는데 납작한 빵과 함께 먹는다. 손님들이 공동으로 사용하는 매운 소스 병이 선반에 놓여 있다. 매운 소스를 듬뿍 찍어 먹으니 그런대로 먹을 만하다. 팔라펠, 발음하기가 쉽지 않아 익숙하게 하려면 꽤 연습이 필요하다. 팔라펠 하면 같이 떠오르는 단어가 할랄이다.

뉴욕에서는 식품 근처에서 '할랄(Halal)'과 '코셔(Kosher)'라는 단어를 자주 접한다. 할랄은 아랍어로 '허용된'이라는 뜻인데 이슬람법상 먹을 수 있는 것을 말한다. 반대로 금지되어 있는 것은 '하람'이다. 이슬람법에서는 돼지고기와 동물의 피, 부적절하게 도축된 동물, 알코올성 음료와 취하게 하는 모든 음식, 육식 동물과 맹금류, 그리고 이들의 가공 식품이 금지되어 있으며 허용된 동물이라도 이슬람 방식으로 도축한 것만 먹을 수 있다.

코셔는 유대교 율법상 먹기에 합당한 음식이다. 반면 먹을 수 없는 음식은 '트라이프'라고 한다. 채소와 과일은 모두 코셔이며, 유제품이나 육류 중 어느 하나와 섞어 먹어도 괜찮다. 어류로는 지느러미와 비늘이 없는 미꾸라지, 문어, 오징어, 새우, 굴 등은 코셔가 아니다. 조류의 경우 닭, 칠면조, 집오리, 비둘기 등의 가금류는 코셔다. 육류의 경우 되새김위가 있고 발굽이 갈라진 소, 양, 염소, 사슴 등이 코셔다. 또한 코셔인 동물도 유대교의 율법에 따라 도살해야 하고, 육류는 우유, 치즈 등 유제품과 함께 먹어서는 안 된다.

음식의 제조 과정도 까다롭게 따지기 때문에 코셔 인증을 받은 음식물은 깨끗하고 검증된 것으로 인정을 받는다. 슈퍼마켓에서 코셔 인증된 음식물은 가격이 높다. 요즘 우리나라의 어느 소금 회사에서도 유대교 랍비를 초청해 제조 과정을 견학시켰다는 기사를 보았다. 랍비가 직접 소금 맛을 본 것이 대단한 화제가 된 모양이었다. 그 회사의 천일염은 우리나라에서 최초로 코셔 인증을 받았다.

　뉴욕의 정통파 유대교인들은 한여름에도 검은색 정장과 모자를 쓰며, 수염을 기르고, 귀 앞쪽에 곱슬머리를 길러 늘어뜨린다. 그들의 복장은 신념의 확고함을 보여 주는 상징이다. 613가지 계명을 지키는 엄격한 신앙심 때문에 코셔도 신뢰를 받나 보다.

　길거리의 음식 마차에는 할랄이라고 써 붙인 것이 많다. 주로 팔라펠을 많이 파는데 가격도 저렴하고 채식이라 인기다. 뉴요커들은 의외로 채식을 많이 하고 식사 양도 적다. 적게 먹고 많이 걸어서 그런지 비만인 사람을 잘 볼 수 없다. 우리나라에는 팔라펠이 없는 줄 알았는데 귀국 후 이태원에 갔더니 팔라펠을 파는 가게가 있었다. 역시 모든 것은 아는 만큼, 먹은 만큼 보이나 보다.

# 길거리 음식의
## 종류는
## 얼마나 많을까

　뉴욕의 길거리 음식에는 핫도그, 햄버거, 샌드위치, 프레첼, 닭고기 꼬치구이, 도넛, 베이글, 컵케이크, 볶은 땅콩, 사과, 바나나, 오렌지, 버블티, 스무디, 아이스크림, 커피 등이 있다.

　걷다 보면 출근길에 음식 파는 마차 앞에서 바나나 하나를 사서 요기하는 여자, 베이글로 한 끼를 때우는 남자, 아이스크림을 기다리는 아이, 샌드위치를 사는 청년을 볼 수 있다. 미국의 길거리 음식은 대부분 간단히 데우거나 갖다 놓고 팔기만 하면 된다. 이들의 음식문화는 정말 간단하다. 패스트푸드다.

　미국인들은 무엇이 그리 급해서 음식을 간단히 만들어 먹을까. 시간이 아까워 그럴까, 유목민의 후예가 많아서일까. 이민 와서 한 지역에 살다 다른 지역으로 옮겨 갈 일이 많아서 그랬을까. 초기에

　　　　　　　　　　　　　　　　　　　3 · 음식

인디언과의 싸움이나 서부시대의 살육전을 통해 생존의 위협을 받는 상황에서 느긋하게 음식을 해 먹을 여유가 없었던 문화가 굳어진 것일까. 산업시대가 온 뒤에는 맞벌이 문화가 일찍 정착된 탓도 있을 것이다.

한국의 대표적 길거리 음식은 떡볶이와 어묵, 순대와 오징어 튀김이다. 이 음식들은 즉석에서 요리해야 한다. 떡볶이와 어묵은 끓이고, 순대는 찌고, 오징어 튀김은 튀겨야 한다. 길거리 음식도 만들기가 간단하지 않다. 먹을 때도 뜨겁고, 국물이 흐르는가 하면 손으로 먹기 힘들다.

성격이 급하기로 세계에서 둘째가라면 서러울 한국인이지만 음식 만드는 데 있어서는 그런 빨리빨리 정신이 통하지 않는다. 오래도록 삭히고, 발효시키고, 은근한 불로 고아 내는가 하면, 데쳐서 볶고, 쪄서 조리고, 볶아서 끓이고, 삶아서 무치고, 튀겨서 볶는다. 조리 과정이 3차례 이상 되는 음식도 많다. 샐러드처럼 씻어서 그냥 먹는 것은 상추나 몇 가지 채소밖에 없다.

우리나라 사람들은 한곳에 대대로 정착해 살았고, 여자들은 주로 살림만 했다. 한곳에서 몇 년씩 대량으로 음식을 발효시킬 시간이 충분했고, 여자들은 음식을 통해 남편과 윗사람에게 인정받아야 했다. 식재료도 풍부하지 않아 한 가지 재료로 여러 가지 조리법을 통해 다른 맛을 내야 했다. 식탁 위에서 보글보글 끓거나 김이 펄펄 나는 생동감을 보여 주는 것도 중요했다.

눈앞에서 지지고, 볶고, 끓이지 않으면 식욕이 생기지 않는 한국

인에게 뉴욕의 길거리 음식 중 크게 구미를 당기는 것은 없다. 그래도 뭔가는 먹어 보고 싶어서 볶은 땅콩을 한번 사 먹었다. 한 줌이 될까 말까 한데 3달러나 한다. 물도 한 병에 2달러 가까이 해서 참았다가 슈퍼마켓으로 가기 일쑤다. 별로 사 먹지는 않아도 거리에 음식 마차가 없으면 허전할 것 같다. 음식이 옆에 있고, 귀여운 마차 속에 사람이 앉아 있다는 사실은 작은 위안이 된다. 정 배고프면 아무거라도 당장 살 수 있으니까.

# 아티초크는
# 어디서
# 살 수 있나

　플랫 아이언 빌딩 근처에 'Eataly'라는 식당 겸 상점이 있다. '먹다'라는 뜻의 'Eat'와 이태리의 'Italy'가 합성된 이름이다. 이탈리아 먹거리와 음식을 판다는 의미를 잘 살렸다. 이곳은 항상 사람들로 북적인다. 이렇게 잘되는 상점을 한국에서 그냥 둘 리 없다. 뉴욕에서 성공한 상점은 곧 한국에 수입된다. 신설된 백화점 지하의 넓은 면적을 이 가게가 차지했다. 물건의 종류가 적어서 그런지, 홍보가 덜 된 탓인지 사람이 그리 많지는 않다.

　뉴욕 매장에서는 소피아 코폴라 같은 스타를 마주칠 정도로 이탈리아계 유명인들도 애용한다. 입구에는 커피와 샌드위치를 파는 가게가 있고, 더 안쪽에 식료품이 진열되어 있다. 과자와 빵, 초콜릿과 잼, 야채와 과일, 치즈와 와인, 국수와 라비올리, 고기와 생선,

양념과 오일, 식기와 조리기구, 요리 책까지 이탈리아 요리를 위한 모든 것이 있다.

포장과 진열 상태, 용기와 주방기구들의 모양이 예뻐서 보고만 있어도 즐겁다. 생활 용품이나 식기에서도 그 나라의 예술성 수치를 가늠할 수 있는데, 이곳은 이탈리아의 디자인 수준을 알리는 역할을 톡톡히 해낸다. 칸막이도 없이 한쪽은 식당인데 자유로운 분위기를 잘 연출했다. 앉아서 먹는 탁자 외에, 서서 먹는 높은 탁자도 배치한 감각이 돋보인다. 이곳 음식은 싱싱한 식재료를 사용하기 때문에 신선한 맛을 제공할 것 같은 기분이 든다.

야채 코너를 두리번거리다 식용 꽃인 아티초크를 보았다. 한 송이가 주먹 두 개를 합쳐 놓은 크기다. 통조림으로 된 아티초크만 먹어 보았던 터라 이번 기회에 원재료를 먹어 보기로 했다. 한 개에 2달러다. 가시가 돋친 다년생의 엉겅퀴 식물로 지중해 연안에서 많이 재배되는 아티초크는 봉오리와 꽃받침이 식용이다. 통조림 아티초크를 먹을 땐 꽃잎과 밑동이 붙어 있고 약간 질긴 식감이 있었다.

숙소로 와 인터넷에서 아티초크 먹는 법을 검색했다. 요리법은 간단하다. 그냥 삶거나 쪄서 먹으면 된다. 우선 아티초크를 냄비에 넣고 삶은 다음, 식혔다. 겉잎을 한 잎씩 떼어 내 아랫부분의 부드러운 속을 앞니로 훑어 먹었다. 소금을 안 넣었는데도 약간 짭짤하면서 삶은 감자 비슷한 맛이 난다. 꽃잎의 밑 부분만 먹다 보니 버려지는 커다란 꽃잎이 수북이 쌓인다. 밑동 위에는 하얀 털이 있는데 암술과 수술인 것 같다. 이 털을 제거하자 그 아래 지름이 5㎝,

두께가 2㎝ 정도 되는 하얗고 동그란 밑동이 나타난다. 밑동은 부드럽고 역시 감자 맛이다. 맛은 그런대로 먹을 만하지만 커다란 꽃에서 먹을 수 있는 부분이 너무 적다. 아티초크의 구조와 원래의 맛을 알게 된 만족감은 크다.

온갖 식품의 집합소인 맨해튼에선 음식 탐구도 해 볼 만하다. 얼마 전 이곳의 무료 주간 신문에는 미국 기자가 플러싱에 있는 한국 식당에서 청국장을 먹어 본 경험이 소개되었다. 멸치볶음 사진과 함께 실린 글에서 그는 청국장의 냄새에 대해 설명하면서도 개인적인 감정은 표현하지 않았다. 한국 문화에 대한 존중 때문일 것이다.

새로운 음식을 먹어 보는 것은 일종의 도전이다. 호기심과 약간의 긴장을 동반한 모험이다. 인간은 참 여러 가지를 먹는다. 아티초크도 고대 그리스와 로마 시대부터 먹어 왔다니 식용의 역사가 오래되었다. 옛날 사람들은 꽃도 종류별로 다 먹어 보았나 보다. 이렇게 먹어도 되는 것을 구별해 내기까지 선조들의 희생도 막대했을 터이다. 희생자들에게 잠시 묵념이라도 드려야 할까 보다.

# 사라베스의
## 에그 베네딕트가 유명한
## 까닭은 무엇일까

부자 동네인 어퍼 이스트로 브런치를 먹으러 갔다. 음식점 '사라베스'는 드라마 '섹스 앤 더 시티'에서 주인공들이 브런치를 즐기는 곳으로 유명하다. 네 여자들이 한껏 차려입고 앉아 흥겹게 수다를 떨며 주말의 여유를 누리는 유쾌한 장소로 시청자들에게 각인되었다.

일요일 12시라 기다리는 사람들이 스무 명 정도 된다. 기다리는 동안 주문할 메뉴를 생각하라고 메뉴판을 미리 나눠 준다. 식당의 분위기는 아늑하지만, 자리의 간격이 좁아 시끄럽고 북적댄다. 비밀 이야기를 하거나 속내를 털어놓을 장소는 아니다

30분 이상 기다린 후, 자리에 앉아 연어 에그 베네딕트와 호박 와플을 주문했다. 연어 에그 베네딕트는 버터 발라 구운 잉글리시 머핀을 연어 조각으로 감싸고, 그 위에 수란을 얹은 요리다. 에그 베

네딕트라는 이름의 기원에는 세 가지 설이 있다. 그중 1894년 르무엘 베네딕트라는 은퇴한 주식 중개인이 월도프 호텔에서 숙취를 해결하려고 버터 바른 빵, 수란, 베이컨과 올랑데즈 소스를 주문한 것이 시초라는 설이 가장 유력하다.

드디어 음식이 나왔다. 수란의 모양이 흐트러지지 않아 예쁘지만, 빵이 좀 딱딱하고 연어도 너무 얇다. 호박 와플은 반죽에 호박과 계피가루를 넣어 구운 것인데 그 위에 호박씨와 건포도, 딸기가 올라가 있다. 여기 음식들은 맛보다도 형태와 색깔이 예뻐서 여인들의 사랑을 받는 것 같다. 미각보다는 시각 위주다. 사람들은 거의 다 주스나 칵테일, 커피를 함께 주문한다. 7불 이상 하는 주스에도 돈을 아끼지 않는다. 식탁마다 커다란 콜라 잔이 올라가 있는 다른 레스토랑과는 다르다.

키는 작지만 듬직한 체격의 웨이터는 왼팔에 요리 담긴 접시 네 개와 오른손에 한 개, 총 다섯 접시를 한 번에 나른다. 비결은 굽힌 왼팔 위에 천 냅킨을 얹어 접시가 미끄러지지 않게 한 것이다. 그의 관록 있는 서비스와 식당의 유명세는 비싼 값을 요구한다.

가격은 에그 베네딕트가 18불, 호박 와플이 17불로 둘을 더하면 35불인데 여기에 세금 3.11불이 붙고, 봉사료를 더하면 총 45불이다. 영수증에는 고객의 편리를 위한 것이라며 추천하는 봉사료로 18%이면 6.30불, 20%이면 7불, 22%면 7.70불이라고 적혀 있다. 봉사료는 15~20%가 일반적인데, 은근히 18% 이상을 권장한다.

사라베스도 국내 백화점에 진출했다기에 궁금해서 가 보았다. 안경을 썼고, 올림머리에 흰 요리사복을 입은 할머니가 매장을 돌아다니며 꼼꼼히 살피고 지시한다. 고객의 마음을 어떻게 사로잡을지 고민하는 전문가의 모습이었다. 바로 사라베스 레빈이다. 우연히 주인을 만난 것이다. 뉴욕 브런치의 여왕이라 불리는 그녀는 70세가 넘었고 한국에 연 식당을 직접 챙기러 왔다.

그녀는 한국 언론과 인터뷰도 했다. 기자가 드라마 '섹스 앤 더 시티'를 들먹이자 "오! 난 그들의 성적 잡담을 좋아하지 않아요. 그들을 우리 식당의 대표 손님으로 거론하는 건 그만두었으면 해요. 재클린 케네디, 메릴 스트립, 로버트 레드포드, 바브라 스트라이젠드도 단골이고, 빌리 조엘은 담배 피다 쫓겨나기도 했어요."라고 했다.

그녀에 의하면 식당은 생명체라서 사람들이 모이면 현장의 온도가 바뀌고 한 치 앞도 예측할 수 없는 상태가 된다고 한다. 고객이 지난번에 먹은 맛과 똑같은 맛을 유지하기 위해 노력한다는 그녀의 말로는 에그 베네딕트가 엄청난 기술을 필요로 하는 음식이란다. 계란을 어떻게 익히느냐가 제일 중요하다니 평범한 식재료에서 성패가 갈리나 보다.

그녀는 2백 년 이상 대물림된 조리법으로 만든 오렌지 살구 마멀레이드로 유명해졌다. 누구나 잼을 만들지만 사라베스처럼 성공하기는 쉽지 않다. 잼 하나에도 몇 백 년의 실험이 필요한 것일까. 하긴 한국 종가집의 된장도 아무나 흉내 낼 수는 없다. 몇 대에 걸친 집념과 의지가 있어야 제대로 된 한 음식이 탄생하나 보다. 깊이 있는 내공이 있으니 사라베스의 에그 베네딕트도 인정받았겠지.

# 코니아일랜드에서 핫도그를 먹는 이유는 무엇일까

'코니아일랜드'하면 예전에 인기 있던 아이스크림 가게가 생각난다. 요즘은 이 명칭의 아이스크림 가게가 잘 보이지 않는다. 그래도 코니아일랜드의 이미지는 아이스크림의 맛과 결합되어 신나고 들뜬 바닷가를 상상하게 한다.

센트럴 파크에서 브루클린의 남단에 있는 코니아일랜드까지는 전철로 한 시간 정도면 갈 수 있다. 가는 도중 전철의 창밖으로 보이는 낮고 초라한 브루클린 건물에는 유난히 낙서가 많다. 벽뿐만 아니라 옥상과 환기용 굴뚝도 그라피티로 채워져 있다. 브루클린은 공장이 많고 저소득층 이민자들이 주로 사는 지역이다. 맨해튼의 화려함과는 대조적이다.

코니아일랜드역에서 내려 밖으로 나가니 오른편으로 네이던

(Nathan's) 핫도그 가게가 보인다. 대형 간판에 '1916년 창업되었고, 매년 핫도그 먹기 대회가 개최되는 곳'이란 설명이 쓰여 있다. 그러고 보니 외신보도에서 핫도그 먹기 대회에 관한 기사를 본 기억이 난다. 간판에는 2012년 여자로는 소냐 토마스가 45개, 남자로는 조이 체스넛이 68개를 먹어 우승했다는 설명과 사진도 있다. 소냐 토마스는 한국계로 각종 먹기 대회에서 우승해 신문에도 자주 등장한다. 그녀는 체구도 작고 말랐는데 먹는 데는 선수다. 보통 여자는 세 개 먹기도 힘든데 대단한 배포다.

이 가게 핫도그는 빵에 소시지 하나만 넣은 것은 3.75불이고 양파나 치즈를 추가하면 4불이 넘는다. 맨해튼 시내 길거리에서는 핫도그가 2불이다. 라면은 같은 종류라도 식당마다 끓이는 솜씨가 다르지만, 핫도그에도 무슨 비법이 있을까. 소시지를 사오는 줄 알았는데 폴란드 이민자 출신이 창업한 이 가게는 소시지를 직접 만들고, 고기 배합 비율이 비법이란다. 핫도그에 음료수 하나와 감자튀김을 시키니 10불이 넘는다.

케첩과 겨자는 세면대 비슷한 시설의 수도꼭지에서 나온다. 이런 시설은 처음 본다. 뒷마당 돌 식탁의 철제 파라솔은 케첩과 겨자색이다. 핫도그 테마파크에 온 것 같다. 유명 맛집이라 그런지 사람이 많아 빈자리가 거의 없다.

맛은 다른 가게와 비슷하지만, 핫도그 먹기 대회가 열리는 곳에서 먹어 본 것은 자랑거리가 된다. 명성과 가격에 비해 맛이 어떻다고, 올해의 우승 개수는 몇 개라고, 다음 해 우승자는 몇 개를 먹을 거라고, 파라솔이 노랑과 빨강색이었다고, 수도꼭지에서 케첩이 나온다고, 어쩌고저쩌고할 이야기가 생기기 때문에 이 집이 인기인 걸까. 사람들은 맛보다는 이야기를 먹고 사나 보다.

　해변 쪽으로 갔더니 학교가 개학한 8월 말이고 평일이라 그런지 행인이 뜸하다. 늦여름을 즐기는 사람들이 드문드문 있을 뿐이다. 부두로 가니 낚시하는 사람이 몇 명 있다. 그들이 낚아 올리는 고기는 손바닥보다 작아 먹을 수 있을까 싶다. 난간 한쪽에는 '여기서 잡힌 물고기는 임산부나 어린이가 먹기에 적합하지 않다.'는 팻말이 붙어 있다. 팻말 때문인지 바다와 모래사장도 깨끗해 보이지 않는다. 근처의 건물이라고는 아파트 몇 채가 멀리 보일 뿐이고, 한쪽에 있는 낡은 놀이공원에서는 아이들 몇이 놀이기구를 타는 중이다. 이 공원에는 1897년 최초의 에스컬레이터가 놀이기구로 설치되기도 했다.

　놀이 공원 안의 원더휠은 뉴욕의 길 양쪽에서 핫도그를 팔던 남녀의 이야기와 관련 있다. 둘은 서로 사랑하는 사이였다. 남자는 코니아일랜드에 놀러 와 여자에게 청혼하면서 결혼해 주면 반지 대신 원더휠을 사 주겠다고 했고, 결혼 후 약속을 지켰다. 이래저래 이곳은 핫도그와의 인연이 얽힌 장소다.

　1940~1950년대에 코니아일랜드는 피서지로 큰 인기를 누렸다고 한다. 지금은 핫도그나 아이스크림을 먹으며 바닷바람이나 잠깐 쐬면 적당할 장소다. 한물간 유원지를 어슬렁거리니 과거의 호시절을 잊지 못하는 노인의 넋두리를 듣는 기분이다.

# 4

## 예술

뉴욕의 길거리는 생동감이 넘친다. 거리예술 활동이 활발하기 때문이다. 몬드리안의 그림처럼 색칠한 피아노를 두드리는 아저씨, 센트럴 파크에서 컨트리 음악을 연주하는 아가씨들, 3인조 밴드에서 맨발인 채 드럼을 치는 백발의 할아버지, 유니언 스퀘어에서 두 개의 작은 드럼을 무릎에 놓고 치는 여인, 지하철역에서 기타 치는 청년들, 배터리 파크에서 브레이크 댄스를 추는 무리, 아이들을 즐겁게 하는 풍선 아티스트, 돈 받고 시를 써 주는 사람….

# 무료
## 공연의 수준은
### 어떨까

뉴욕의 박물관들은 특정한 요일과 시간을 정해 무료 또는 원하는 만큼만 돈을 내는 기부 입장을 실시한다. 서민을 위한 정책인데 관광객들도 이용할 수 있다. 이러한 정책으로 누구나 문화를 즐길 수 있도록 배려한다.

줄리아드대학도 학교 안의 공연장에서 열리는 학생들의 공연을 무료 개방한다. 매일 서너 차례의 공연이 펼쳐지며, 피아노, 바이올린, 첼로 독주나 협연 외에 재즈 공연도 자주 열린다. 이 대학은 한 건물로 이루어져 있고, 들어갈 때 ID 카드가 필요한데 외부인은 수위에게 용건을 말해야 한다.

관객은 주로 노인이 많다. 보행 보조기를 밀고 온 할아버지와 친구끼리 온 할머니들도 있다. 이분들은 한 공연이 끝나면 다음 공연으로 몰려간다. 몇 번 가 보니 갈 때마다 마주치는 낯익은 노인이 대부분이다. 이분들은 근처에 살며 거의 매일 공연장에 오는 듯하다. 젊은이들이 고전음악을 기피하는 현상이 여기서도 보인다. 간혹 보이는 젊은이들은 고전음악을 전공하는 동료들이다.

피아노 연주자들은 악보도 없이 곡을 친다. 청중은 물론이고 피아노의 가슴이 탁 트이는 열정적인 연주 실력을 뽐낸다. 연주자는 곡에 대해 직접 설명도 한다. 작년에 줄리아드를 졸업한 신예 작곡가의 피아노 연주곡은 헤비메탈 못지않은 통쾌함과 웅장함에 긴장감까지 갖춘 실험적 작품이었다. 일본 출신 바이올린 연주자는 생선회 칼로 음을 다듬듯 정교한 선율을 선사한다. 한국에서 온 학생들도 많이 재학 중이라 공연에 활발히 참여한다.

어느 재즈 트럼펫 연주자는 석사 과정에 있는데 유명한 곡 세 개 외에 자신이 작곡한 다섯 곡을 선보였다. 그는 캐나다 출신이고 이 공연을 보러 부모님도 오셨다. 캐나다 출신 친구들 네 명도 재즈 밴드에 합류해 연주를 해 준다. 사람들은 고개를 흔들거나 다리를 까딱이며 자연스럽게 호응한다. 청중은 공연이 끝나자 기립 박수로 그를 응원했다.

이러한 공연은 학위를 받기 위한 과정 중 하나로 학생들이 무대 경험을 쌓는 데 도움을 주며 주민들을 위한 봉사도 하는 일거양득의 효과를 거둔다. 관객으로서는 미래의 대가 연주자들을 미리 볼 수 있는 좋은 기회다. 세계 최고 수준의 음대인 만큼 학생이라 해도 그들의 실력은 대단하다. 장학금을 두세 개씩 받는 학생도 있다.

이 학교에는 댄스와 드라마 전공도 있다. 댄스 전공 4학년생들이 발표하는 현대 무용 공연도 4월 말에 열렸다. 공연장에는 100개 정도의 좌석이 발표 공간 둘레에 놓여 있었다. 모두 7개의 작품이 공연되었는데 어떤 공연은 대사가 꽤 많아 연극 같았다. 빈 액자 4개를 갖고 나오거나, 가로등을 무대 장치로 쓴 것, 문짝이 4개 달린 사각형 구조물 등의 소품이 작품마다 동원되었다.

"No milk"라는 작품은 'cheerio' 상표의 콘플레이크 통을 갖고 나와 코믹한 동작과 표정을 지으며 이 제품의 광고 음악을 틀기도 했다. 학생들의 체격은 군살은 없지만 평범했다. 키가 작은 사람도 여럿이었고, 인종도 각각이었다. 자유로운 안무가 펼쳐지는 가운데 육체의 다양함과 평범함의 아름다움을 느낄 수 있는 공연이었다. 옆에 앉은 노부부는 코네티컷 주에서 왔는데 공연을 보러 가끔 뉴욕까지 온단다. 그들의 열정에 박수를 보냈다.

줄리아드대학교는 링컨센터 공연장 바로 옆이라 학생들이 다른 공연도 쉽게 접하고 배울 수 있다. 카페에 가면 악기를 옆에 놓은 채 샌드위치를 먹으며 수다 떠는 학생 무리를 볼 수 있다. 옆자리에서 차를 마시면 단원들과 무대 뒤에서 어울리는 듯한 착각이 든다.

사람들은 링컨센터 분수대 광장에서 쉬거나, 근처의 의자에 앉아 한가로이 책을 읽기도 한다. 공연을 보기 전에 분수에서 치솟아 오르는 물줄기가 안개처럼 흩어지는 물방울을 맞으면 걱정과 공해에 찌든 심신이 깨끗이 씻겨 나간다. 이제 공연을 즐길 준비가 완료된 것이다.

　예술은 어렵고 복잡한 그 무엇이 아니다. 잘 모른다고, 익숙하지 않다고 외면하면 삶의 일부분을 잃는다. 색다른 자극과 기분 전환은 삶을 풍요롭게 한다. 줄리아드대학의 수준 높은 무료 공연을 감상하지 않는다면 뉴요커로서의 특권을 포기하는 것이다. 예술은 자주 접할수록 더 재미있어진다. 예술가들이 관객에게 물어야 하는 질문도 이 한마디인지 모른다. "재미있나요?"

# 거리예술은
놀이 본능의
부활인가

  뉴욕의 길거리는 생동감이 넘친다. 거리예술 활동이 활발하기 때문이다. 몬드리안의 그림처럼 색칠한 피아노를 두드리는 아저씨, 센트럴 파크에서 컨트리 음악을 연주하는 아가씨들, 3인조 밴드에서 맨발인 채 드럼을 치는 백발의 할아버지, 유니언 스퀘어에서 두 개의 작은 드럼을 무릎에 놓고 치는 여인, 지하철역에서 기타 치는 청년들, 배터리 파크에서 브레이크 댄스를 추는 무리, 아이들을 즐겁게 하는 풍선 아티스트, 돈 받고 시를 써 주는 사람….

  남녀노소가 거리에서 예술 활동을 한다. 자연스러운 놀이에서 예술은 출발했다. 그 안에서 놀면 그만이다. 맨해튼 정글에서는 야생 예술가들이 곳곳을 누빈다. 곰처럼, 사자처럼, 노루처럼, 토끼처럼, 그리고 새처럼.

행인은 걷다가 지나치면서 또는 잠시 멈춰서 구경하고 팁도 준다. 공개된 장소에서 자신의 재주를 파는 것이 부끄럽지 않은 장소가 뉴욕이다. 공연자의 모자나 악기 통에 기꺼이 팁을 주는 후한 인심이 있기에 거리예술은 더욱 풍부해진다.

한국에서는 팁 문화가 정착되지 않아 거리에서 돈 버는 예술가가 별로 없다. 공원이나 산사에서 공연이 열리고, 은퇴자들이 색소폰을 다리 밑에서 불지만, 돈을 받지는 않는다. 자선 공연은 모금함을 갖다 놓지만 사람들은 피해 다닌다. 거리 공연 팁이 짭짤한 뉴욕은 그만큼 자본주의가 발달한 장소라는 증명이 되는 걸까.

건물에 벽화도 많다. 영화 광고와 어린이 병원 광고, 코믹한 만화, 셔터 문짝과 건물 기둥의 단순한 낙서, 허름한 골목의 포스터 콜라주, 자신의 주장을 펼치는 문학적인 구호성 문구, 행인의 시선을 꽤 오래 잡아 두는 야하면서 묘한 그림도 있다.

어떤 건물 기둥 아래엔 조그만 외계인 형상이 있고, 한 화가는 보도에 커다란 그림을 그려 놓고 자신의 전화번호와 웹사이트 주소를 적어 놓았다. 화물차 겉을 장식한 그림도 보통 솜씨는 아니다. 버스도 그림과 함께 벽화나 초상화, 인쇄를 해 준다는 광고를 싣고 달린다. 신호등 기둥의 타일 콜라주도 뉴욕 거리의 예술 감각을 높이는 데 한몫을 한다.

소호의 길거리에는 자신의 작품을 파는 예술가가 많다. 동심을 일으키는 그림을 진열한 중년 여성, 어지럽고 난해한 그림을 그리는 사람, 청동 조각 작품을 자신의 차 위에 전시한 사람도 있다. 몽상적인 보헤미안의 분위기를 풍기는 그림을 그린 나이 지긋한 화가는 네덜란드에서 왔다는데 그도 꿈을 찾아 여기까지 온 모양이다. 배터리 파크 근처의 초상화가는 왜 그런지 동양인이 많다.

어느 거리에나 건물을 장식하는 조각품도 많다. 특히 단순한 형태의 조각이 대세다. 만화 같은 조각은 가벼운 장난을 걸어온다. 청동을 이용해 형태를 제대로 살린 조각은 진부해 보일 정도다. 거리 조각의 존재 가치는 무엇일까. 반지나 브로치처럼 건물을 꾸미는 사치품일까. 바라보고 만지며 올라타는 공공의 장난감일까. 무슨 뜻이 담겼는지, 무엇을 형상화했는지, 추측하고 상상하며 빈칸에 답을 넣어 보라는 수수께끼일까.

우리나라도 큰 건물 앞에는 의무적으로 조각품이 설치된다. 뉴욕에서 보던 조각과 비슷한 것도 자주 보인다. 한국의 대단지 아파트 입구에도 조각이 서 있다. 괜찮은 조각도 많은데 그 앞에서 사진을 찍는 사람은 거의 없다. 아마 거기 살면서 그런 조각의 존재조차 모르는 사람도 있을 것이다. 관심이 없으면 물체가 눈에 안 들어온다. 나도 뉴욕에서는 하나라도 더 보려고 작은 조각품에도 눈에 불을 켜고 사진도 찍지만, 우리 아파트 앞의 조각품엔 별 관심이 없다. 가까이 언제나 있는 것에는 무심하기 마련인가.

음악과 춤, 미술과 문학이 난무하는 뉴욕 거리에서는 항상 무슨 구경거리가 있을지 촉각을 세우게 된다. 예술이라는 놀이밖에 할 줄 모르는 사람들은 거리에서라도 자신의 능력을 펼치려 한다. 뉴욕 거리는 마음껏 놀이 본능을 발휘할 수 있는 최고의 성지다.

# 남부의 리듬은 뭐가 다를까

링컨 센터로 가다가 길에서 광고지 하나를 받았다. 12시부터 2시까지 링컨 센터 앞에 있는 리차드 터커 공원에서 무료 공연이 있다는 내용이다. 광고지를 들고 공원이 어디 있나 하고 보니 바로 내가 서 있는 자리다. 차도로 둘러싸인 조그만 섬 같은 공간이 공원이란다. 의자 몇 개가 놓여 있을 뿐인데 엄연히 이름이 있는 공원이다. 공원의 이름이 된 리차드 터커는 유명한 오페라 테너 가수였다.

링컨 센터를 한 바퀴 돌고 공원으로 가니 사람들이 벌써 의자에 앉아 있고, 밴드들은 악기를 꺼내는 중이다. '틴 팬(Tin Pan)'이라는 이름을 가진 5인조 밴드의 악기는 트럼펫과 피리 말고는 낯설다. 기타 비슷한 악기도 있고, 드럼 옆에는 방울 장식을 두른 양철통이 달려 있다. 새 모양의 구멍이 뚫린 하얀 플라스틱 통 엎은 것 위에 줄 달린 나무 막대기가 있는 것도 악기다. 남자는 통 위에 한 발을 올려놓고, 장갑 낀 손으로 줄을 튕기기 시작한다. 드럼 치는 남자는 자신이 앉은 나무 의자를 오른 발로 계속 두드린다.

자동차 소음 속에서 얼굴이 시뻘게지도록 그들은 노래를 부른다. 한쪽에 판매용 CD가 악기 통에 진열되어 있다. 노래 중간에 최신 CD는 15달러고, 예전 것은 10달러, 두 개 다 사면 20달러에 준다고 광고를 한다. 지나가던 행인들도 점점 더 모여들고, 거리 청소부와 인근의 공사장 인부도 자리를 잡고 앉았다. 옆자리 네 명의 백인 남자들은 공연은 아랑곳하지 않고, 노래보다 더 큰 소리로 수다를 떤다.

지금 공연하는 밴드는 미시시피 델타 스트링 밴드 전통 악기와 뉴올리언즈 거리 파티 스타일 악단이란다. 그들은 1년에 200번 이상 공연을 하는데 바르셀로나에서 막 돌아왔다. 미국 남부의 거리 음악이 이런 것이구나 하고 들으니 소박한 악기와 덜 다듬어진 듯한 연주가 이해된다. 관객들은 앉아서 음악에 맞춰 몸을 흔든다. 가만히 앉아 있는 것이 미안하고 민망한 분위기다. 미국 남부 음악이 뼛속 깊이 닿지는 않지만 발로 장단을 맞춰 준다.

미국은 남부와 북부, 서부와 동부가 제각각 나름의 문화적 성향을 지닌다. 우리나라도 작지만 지방색이 강하다. 말씨는 물론이고 음악도 지방마다 독특성이 있다. '아리랑'만 해도 지역마다 다른 버전으로 부른다. 요즘은 동네마다의 특성도 구분되는 세상이니 맨해튼 안에서도 부촌인 어퍼 이스트 지역과 할렘 지역의 문화는 다를 수밖에 없다.

문화라는 이름으로 가정마다 동네마다 지방마다 나라마다 전해지는 고유한 습관은 특성으로 자리 잡는다. 어떤 사람은 이러한 특성으로 자신을 돋보이게 하고, 다른 사람은 지방색을 감추고 싶어 한다. 지방색 자체에는 우열이 없지만, 그것을 드러내는 사람의 이미지로 선호도가 결정된다. 지방색은 벼슬이나 원죄가 아니다. 지방색은 그 자체로 존중되어야 한다. 특히 예술에서의 지방색은 창조의 다양함을 보여 주는 소중한 요소다.

잠시 후, 어깨를 드러낸 살색 미니 드레스에 꽃 코르사주를 달고, 살색 목걸이로 치장한 모델 같은 여자가 나타났다. 그녀는 어디선가 가져온 식탁 위에 흰 테이블보를 깔고, 음료수를 만들어 관객들에게 나눠 준다. 음료수는 붉은색의 레모네이드인데 넉넉한 얼음과 페퍼민트 두 잎, 레몬 한 조각이 들어 있다. 흰 식탁보와 미인의 서비스, 제대로 된 음료수 때문에 공연은 갑자기 고급스러워졌다.

우아한 관객이 된 듯 음악을 즐기는데 갑자기 위에서 물이 찍하고 떨어져 팔과 치마를 적신다. 뭔가 하고 보니 새똥이다. 똥벼락이었다. 급히 새똥을 닦아 냈다. 묽은 똥이라 냄새가 안 나고, 머리에 안 맞길 다행이라고 스스로 위로했다. 정신 차리라는 하늘의 계시인가, 아니면 로또라도 사야 하는 걸까. 이런 경우를 당하면 해석이 큰 위력을 발한다.

나는 아무 해석도 안 하기로 했다. 그냥 있을 수 있는 일이라고 여기기로 했다. 여긴 워낙 새가 많은 곳이지 않은가. 우연에 굳이

특별한 의미를 부여할 필요는 없다. 새의 생리작용을 두고 인간이 호들갑을 떨면 안 되기 때문이다.

공연이 끝나니 관계자가 악단에게 500달러라고 적힌 체크를 건넨다. 1인당 한 시간에 100달러씩이다. 그들이 짐을 꾸려서 떠난 자리에 이번에는 루즈벨트 다임(Roosevelt Dime)이라는 5인조 밴드가 등장했다. 블루스와 소울, 모던 컨트리 음악이 혼합된 밴드라고 소개되었는데 기타리스트는 맨발에 검은 양복을 입었다.

맨발을 드러내면 솔직해 보인다. 맨발의 가수, 맨발의 작가, 맨발의 화가, 맨발의 무용수, 맨발의 수행자. 모두 자신의 예술이나 행위에 가식이 없음을 강조하려고 신발과 양말을 벗는다. 동서남북, 어디에서 무슨 활동을 하건 중요한 것은 진솔함이다. 맨발 때문에 남부의 음악이 더욱 꾸밈없는 순박함으로 들려온다.

4 · 예술

# 모자
# 퍼레이드는
# 하나뿐이어야 하나

맨해튼에서는 부활절이 되기 한 달 전부터 거리와 공원에 계란이 등장해 분위기를 띄운다. 록펠러 센터 앞에는 제프 쿤스의 달걀 작품이 놓여 있고, 초콜릿 가게는 달걀이나 토끼 모양의 초콜릿을 팔고, 선물 가게에서도 부활절을 주제로 쇼윈도를 장식한다.

부활절 일요일 10시엔 모자 퍼레이드가 펼쳐진다. 5번 애비뉴, 57번가에서 49번가까지다. 이런 전통은 1800년대 중반 모자를 쓴 상류층 여성들이 부활절 예배 후에 퍼레이드를 하던 것에서 시작되었지만, 요즘은 모자 예술을 보여 주는 축제로 진화했다. 행진하는 모자들은 보통 모자가 아니다. 세상에 하나뿐인 모자다.

자발적 참가자들은 부활절의 의미와 관련 있는 계란이나 토끼를 주제로 한 모자 외에 기발하고 독특한 모자를 쓰고 나타난다. 모자

위에 못 오를 것은 없다. 풀과 꽃, 나비와 새 둥지, 과자와 초콜릿, 양동이와 스케이트, 자동차와 빌딩 모형, 벌집 모양의 기하학적인 것 등 별의별 것으로 장식하는데 과장되고 우스꽝스러운 모자일수록 인기다. 가족인 애견의 치장도 빠뜨릴 수 없다. 털을 염색하고 모자를 씌워 품에 안고 다닌다.

어린아이부터 노인까지 즐겁게 행진에 참여한다. 사진을 찍으려는 구경꾼을 위해 참가자들은 기꺼이 포즈를 취해 준다. 시선을 사로잡는 모자를 쓰고 나타나면 누구나 이날만큼은 스타가 될 수 있다. 하루쯤은 이렇게 카메라 세례를 받아 보는 것도 괜찮겠다.

모자는 원시시대에 추위와 공격으로부터 머리를 보호하기 위한 수단에서 시작해 점차 다양한 장식과 모양으로 발달하면서 사회적 지위를 나타내는 수단이 되었다. 유럽의 왕족과 귀족은 아직도 옷보다 더 화려한 모자로 상류층 의식을 뽐내곤 한다. 영국 윌리엄 왕자와 케이트의 결혼식은 모자 퍼레이드를 보는 것 같았다. 깃털과 망사, 대형 리본이 달린 우아한 모자들이 등장해 사람들의 관심을 모았다. 계급의식이 사라진 대부분의 나라에서 모자는 개성과 취향을 드러내는 패션 소품이다.

개인의 모자에 대한 선호도는 뚜렷하다. 모자를 좋아하는 사람은 몇 십 개씩 갖고 있으며 외출할 때 늘 모자를 챙기고 모자를 안 쓰면 허전하다고 느낀다. 모자 쓰는 것을 어색해하는 사람은 모자를 거의 안 쓴다. 나도 모자 쓰는 것을 꺼린다. 어쩐지 머리가 갑갑하고, 남의 눈에 띌까 봐 조심스럽다. 결혼식 후에 분홍색 옷에 맞춘 분홍색 모자를 한 번 쓴 후, 그 모자는 옷장에서 20년 정도 묵다가 폐기되었다. 산책 갈 때는 챙만 달린 모자를 쓴다.

백화점에 가면 멋진 모자를 쓴 할머니를 더러 본다. 영국 여왕 못지않은 그 모습이 부러워 자꾸만 쳐다본다. 모자는 듬성한 머리숱을 감추고 주름진 얼굴에 약간의 그림자를 드리워 훨씬 젊어 보이는 효과를 낸다. 나도 더 나이 들면 모자 멋쟁이가 되고 싶다. 시니어 여성을 위한 패션 소품으로는 모자가 최고인 것 같다.

조선시대에 우리나라를 방문한 외국인들은 다양한 모자를 보고 놀랐다고 한다. 한 프랑스인은 책에서 조선의 모자 종류가 4천 종이 넘을 것으로 추정했다. 지위와 관혼상제, 계절과 장소에 따라 다른 모자를 쓰는 것이 우리 풍습이었다. 우리 조상들의 모자 디자인 실력도 다른 나라에 뒤지지 않는다.

개화기에는 남자들이 서양 모자를 즐겨 썼지만, 1930년대에 모자를 안 쓰는 것이 신식 유행이 된 이래로 한국인은 모자를 잘 쓰지 않는다. 우리도 사라진 모자들을 되살려 퍼레이드를 하는 날을 만들면 문화 복원도 되고, 시민과 관광객에게는 볼거리를 제공하는 축제가 될 것이다. 전통 모자와 더불어 세상에 하나뿐인 개성 있는 모자들도 같이 등장하면 더 흥미진진하겠다. 누구나 모자 쓰는 날을 정하는 것도 방법이다. 모자도 세상에서의 하루를 신나게 만들 수 있다.

# 게이
퍼레이드는
어떤 잔치인가

　6월의 마지막 일요일, 5번가에서는 게이 퍼레이드가 펼쳐졌다. 맨해튼 전체를 울릴 듯한 음악과 자신감 넘치는 춤, 여기저기서 터지는 환호가 뒤섞여 흥겨운 잔치 분위기다. 게이 퍼레이드라고는 해도 게이만이 아닌 LGBT, 즉 레즈비언(Lesbian), 게이(Gay), 양성애자(Bisexual), 성전환자(Transgender)들이 자유롭게 치장이나 분장을 하고 차량이 비워진 대로에서 행진을 한다.

　참가자들이 신나는 음악을 틀고 커다란 자동차 위에서 춤을 추면 거리 양옆의 구경꾼들은 LGBT를 상징하는 무지개 깃발을 흔들며 뜨거운 반응을 나타낸다. 어떤 사람들은 더 잘 보려고 거리의 대형 화분 위에 올라섰는데 화초가 짓밟혀 망가져도 상관하지 않는다. 모두 열띤 흥분에 휩싸여 있다. 게이 퍼레이드는 성 정체성을 주제로 한 일종의 거리 공연이다.

행렬에는 평범한 티셔츠와 청바지를 입고 남자끼리 손잡은 커플, 차 위에서 봉 춤을 추는 여자, 유두만 분홍색 깃털로 가린 여자, 짙은 화장과 빨간색 하이힐에 비키니 차림의 여장 남자, 팬티 차림의 남자, 유모차를 끌고 나온 여자, 똑같은 티셔츠를 맞춰 입은 무리를 비롯한 온갖 인종과 직종, 다양한 연령대의 사람들이 속해 있다. 경찰, 소방서, 학교, 구글, 마스터 카드, 스타벅스, 델타 항공, 체이스 은행 같은 직장 단위도 보이고, 다른 나라에서 온 사람들도 있다. 한국 팀은 꽹과리와 북을 두드리며 행진했고, 몇 시간에 걸친 이 퍼레이드를 50만 명 이상이 즐겼다고 한다. 밤에는 늦도록 폭죽 소리가 시내에 퍼졌다.

이틀 전 뉴욕주 상원이 동성 간의 결혼을 합법화할 수 있는 평등 결혼법안을 통과시켰기 때문에 금년의 퍼레이드는 축하파티가 되었다. 이 법안 통과에는 민주당의 쿠오모 주지사가 큰 역할을 했고, 그의 여자 친구의 남자 형제가 게이라 영향을 미쳤다고 한다. 베갯머리송사가 LGBT들이 그렇게도 염원하던 결과를 이루어 냈다. 뉴욕주는 미국에서 6번째로 동성결혼을 합법화한 주가 된다. 이미 합법화한 5개 주의 인구 모두를 합한 것보다, 1,900만 명이 속한 뉴욕주의 인구가 더 많아 그 영향력은 훨씬 크다.

얼마 후 유니온 스퀘어 지하철역 앞에 쌓인 무료신문 '메트로'를 보니 일주일 뒤부터 시행되는 동성결혼식을 위한 꽃장식과 사진, 호텔 요금을 할인해 준다는 광고가 나와 있다. 합법화된 첫날 시청에서 결혼식을 올리려는 신청자가 하도 많아 경쟁이 치열하다고 한다. 너무 오랫동안 기다려 왔고, 첫날을 기념하려면 하루라도 미룰 수 없나 보다.

역사적으로 동성애는 오래전부터 존재했다. 동성애는 대체로 부정적 평가를 받았지만, 소크라테스가 활동하던 시절의 고대 그리스에서는 동성애를 용인하는 분위기였다. 예나 지금이나 동성애자 중에는 레즈비언보다 게이의 비율이 압도적이다.

현대의 미국에서는 동성 결혼 허용 여부가 선거에서 중요한 논점이다. 동성애자의 세력이 늘고, 그들이 권리를 주장하면서 생긴 일이다. 그들이 결혼하려는 이유는 세금이나 상속을 비롯한 재산상의 사회적 혜택과 함께 자신의 행동을 정당화하려는 의도 때문이다. 또한 사랑하는 짝을 결혼이라는 틀 속에 묶어 두고자 하는 마음도 있을 것이다. 미국 드라마에서는 게이가 바람피우는 짝 때문에 눈물을 흘리는 장면도 나온다. 상대를 자신에게만 충실하게 하려면 결혼만큼 효과적인 제도가 없지만, 성에 대한 고정관념에서 벗어난 그들이 결혼이라는 오래된 틀을 요구하는 것은 역설적이다.

뉴욕에선 LGBT를 종교적인 잣대로 판단하기가 쉽지 않다. 여기에는 그들을 위한 교회도 있다. 또한 동성애에 걸림돌이었던 에이즈는 이제 생명에 별로 위협적이지 않아 앞으로 동성애자는 더 늘어날 듯하다. LGBT들은 게이 퍼레이드를 80년대부터 '프라이드 퍼레이드(Pride Parade)'로 부른다. 억압으로부터의 해방을 주장하는 것에서 벗어나 자부심을 느끼는 시대가 왔음을 선포한 것이다.

소호 근처 웨스트 빌리지 지역의 스톤월 인(Stonewall Inn)은 1969년 게이들이 경찰의 습격에 대립해 폭동을 일으켰던 장소다. 이 사건을 기념해 매년 뉴욕에서 게이 퍼레이드가 열리자 샌프란시스코, 시카고, 밴쿠버, 토론토, 시드니, 상파울루에서도 축제를 열고 있다. 현재 약 70개국에서 이런 행사를 하는데 서울에서도 2000년부터 퀴어 문화축제가 열린다.

게이 퍼레이드의 시발이 된 지역에 가 보고 싶어졌다. 복잡한 길을 헤맨 끝에 간신히 스톤월 여관을 찾았다. 규모가 생각보다 작고 초라한데 1층은 술집이다. 시의 보존 대상으로 지정된 이곳은 대낮이라 볼품없지만, 술집은 밤에라야 빛을 발하고 활기가 넘치니 어두워져야 제 분위기를 드러낼 듯하다.

길 건너 크리스토퍼 파크에 가니 게이와 레즈비언 커플 동상이 있다. 조지 시걸이 만든 이 흰색의 동상들은 실제 사람의 모형틀을 떠 만들었다. 게이 커플 동상은 한 사람이 상대의 어깨에 손을 얹은 채 서 있고, 레즈비언 커플 동상은 마주 보며 벤치에 앉아 있다. 그 옆의 벤치에서는 둘 다 짧은 커트 머리에 티셔츠와 반바지를 입은 여자 한 쌍이 앉아 이야기를 나눈다. 잠시 후 삭발한 두 남자도 다가와 벤치에 앉는다. 동성 짝 없이 혼자 앉아 있는 나만 소외감을 느낀다.

맨해튼에서도 첼시 지역은 동성애자들이 많이 거주하는 지역이다. 내가 묵고 있는 숙소가 마침 이 지역에 있어서 주말에 슈퍼마켓에 가면 게이 커플을 많이 본다. 어떤 남자는 "우리 오늘 쌀 살까?"

하며 짝에게 다정하게 의견을 묻는다. 혼잡한 보도에서 통행 신호등을 기다리던 게이 커플 중 하나는 상대의 목에다 연신 입맞춤을 하며 당당히 애정 표현을 한다.

게이의 특징은 한 쌍의 외모가 흡사하다는 점이다. 얼굴이나 머리 모양은 물론이고 옷차림도 비슷하다. 레즈비언보다는 게이에게서 이런 특징이 더 잘 드러난다. 게이들은 대부분 잘 생겼다. 자아도취적 성향 때문에 그들은 자신과 비슷한 동성에게 끌리는 것일까. 아니면 분신을 만나는 도플갱어 현상에 사로잡혔는지도 모르겠다.

직업 면에서 유행을 이끄는 예술가 그룹과 지식인들 중에 동성애자가 많은 이유는 그들이 변화와 모험을 즐기는 성향을 지녔기 때문일까. 괜찮은 남자는 주변의 동성 친구가 먼저 차지하니 뉴욕의 여자들은 결혼하기 어렵다는 말이 돈다.

요즘 우리나라 드라마에서도 동성애자를 가끔 다룬다. 정치적으로도 동성애자의 인권이 논의되고 있다. 한 여성지의 여론조사에 의하면 여자들은 동성애자에 대한 거부감이 없다는 사람이 더 많았고, 게이를 친구로 두고 싶다는 비율도 반 이상이었다. 여자들에게 게이 친구는 마음이 통하며, 질투가 없고, 사랑의 부담도 없어 위협적이지 않은 사람으로 인식되나 보다. 그렇다면 여자와 남자 사이의 진정한 우정을 기대할 수 있는 시대가 온 것일까. 여자는 남자와의 변덕스러운 사랑 대신 게이와의 변치 않는 우정을 더 선호하게 될까. 외로운 여자는 이렇게 중얼거리게 될까. "어디 게이 친구 없나?"

# 불꽃놀이에
# 유모차까지 나온
# 이유는 무엇일까

7월 4일은 미국의 독립기념일이다. 이날 밤 불꽃놀이가 있다기에 저녁 먹고 허드슨강 쪽으로 발걸음을 옮겼다. 사람들이 거대한 파도처럼 한 방향으로 밀려가고 있었다. 뉴욕 와서 사람 많다, 많다 해도 이날처럼 무섭게 사람들을 많이 보지는 않았다. 새 떼건, 파리 떼건, 물소 떼건, 무엇이든지 너무 많으면 공포감을 주는데 이날 본 사람 떼는 정말 무서웠다. 그 속에 한 사람으로 끼어 있는 나도 사람이란 동물의 무리 중 하나임을 실감했다.

머리에 성조기를 꽂은 사람, 성조기 모자를 쓴 사람, 성조기를 얼굴에 그려 넣은 사람, 연인이나 가족, 친구끼리 손잡고 가는 사람, 한 손으로는 유모차를 끌고 다른 손에는 아이를 안고 나온 여인, 휠체어를 타고 나온 할머니, 모두모두 불구경을 하려고 기를 쓰고 나방처럼 빛을 향해 가고 있다.

남들 다 참여하는데 나만 빠지면 소외된 기분이 들고, 시류에 뒤쳐진 듯하고, 대화거리도 빈약해지니까 사람들은 사람이 몰리는 곳에 모여든다. 현대인의 소외에 대한 공포, 뒤처짐에 대한 두려움, 유행에 대한 집착이 이런 엄청난 군중을 동원하는 세력인 것이다. 하긴 이런 공동체 인식이나 의식 참여는 원시시대에는 거의 생존의 문제와 직결된 강박이었으리라. 발걸음을 서두르며 나까지도 원시시대의 어느 숭고한 집단의식에 동참하는 것 같은 무거운 압박감마저 들었다.

강변에 가까운 자리는 물론 골목길까지 이미 사람들이 가득 들어차 있어 움직이기조차 힘들 지경이다. 강물 보이는 쪽으로는 아예 비집고 들어갈 틈이 보이지 않는다. 이렇게 모여들 가치가 있나 보다 여기며 인내심을 갖고 서서 한 시간이 넘도록 기다렸다. 8시 45분이 되자 불꽃놀이를 하기도 전에 하늘의 노을이 먼저 불을 지르고 있다. 9시 10분이 되어도 하늘은 아직 완전히 어두워지지 않았다.

드디어 9시 30분에 불꽃놀이가 시작된다. 하트, 꽃, 눈동자, 스마일, 폭포, 토성 모양의 불꽃들이 펼쳐진다. 서울 여의도 불꽃축제와 밴쿠버의 불꽃대회, LA 디즈니랜드와 용인 에버랜드의 크리스마스이브 불꽃놀이에 비해 그다지 더 특별하지 않다. 불꽃대회가 아니라 그냥 축하용이라고는 해도 모인 인원에 비해 불꽃은 소박하다. 피날레를 장식하는 불꽃이 연이어 터지자 앞에 서 있던 여자는 실신을 한다. 같이 온 남자가 여자를 뒤에서 부축해 일으키자 여자는 간신히 정신을 차렸다.

불꽃놀이가 끝나자 아까와는 반대 방향으로 거대한 인간 쓰나미가 형성되었다. 이 물결에 자칫 휩쓸려 넘어질까 긴장하며 숙소로 향했다. 길거리엔 페트병과 깡통, 휴지조각이 즐비하다. 오토바이 굉음이 거리를 점령하고, 경찰들은 교통정리 하기에 바쁘다. 여의도 불꽃축제에 갔을 때도 인파에 등 떠밀리는 귀갓길에 너무 질려서 다시는 구경 갈 엄두를 못 내는데, 미국 독립기념 불꽃놀이 구경도 한 번이면 족한 것 같다.

불꽃놀이에는 왜 이렇게 많은 사람이 모일까. 구경 좋아하는 것은 인간의 특성 중 하나다. 그중에서도 불구경이 으뜸이다. 불꽃처럼 인간의 마음을 격하게 움직이는 것도 없다. 화려하고 강렬하며, 파괴적인 동시에 생동적인 불꽃. 삶을 꾸역꾸역 지탱하는 자신에게 하룻밤 불꽃을 선물하려고 모두 기를 쓴다. 걷기와 기다림의 고행 끝에 얻은 밤하늘의 불꽃 한 송이 품고, 불꽃처럼 치열하게 내일도 살아 내야 하기에 불나방처럼 모여드나 보다.

# 건물의
미학은
무엇일까

 뉴욕의 명성은 건물로부터 왔다. 빽빽한 밀림처럼 솟은 고층빌딩을 보고 있으면 인간들이 참 많이도 탑을 쌓았구나, 인간도 꽤 대단한 것을 이루었구나 하고 감탄이 나온다. 개미들이 흙 한 덩이씩 퍼내어 정성들여 굴을 뚫듯이, 새들이 나뭇가지 하나씩 날라 둥지를 짓듯이, 인간들도 벽돌 한 장, 유리 한 장 차곡차곡 잘도 쌓았다. 수많은 건물을 통해 인간의 노고와 눈에 보이는 근현대의 업적을 보여 주는 뉴욕. 뉴욕이 대단하다면 인간도 대단하다.

 뉴욕은 이 건물들로 돈을 번다. 물론 돈이 있으니 건물을 세웠겠지만, 이제는 건물이 돈을 모은다. 세계 최고였던 엠파이어스테이트 빌딩의 전망대에 올라가려는 관광객의 줄은 너무 길어 돈을 더 내는 급행 줄이 생겼다. 다리미 모양의 건물, 자동차 라디에이터

그릴 모양의 스테인리스 첨탑으로 유명한 크라이슬러 빌딩, 야외 스케이트장이 있는 록펠러 빌딩, 세계 최대를 다투는 성당들, 개성 강한 박물관들도 눈길을 끈다.

건물은 생활의 공간이자 감상의 대상이다. 실용성과 더불어 예술 성을 갖추어야 한다. 건축가에게는 뉴욕이 성지다. 거대한 작품들을 감상하려면 올려다보느라고 목이 아프다. 초고층 빌딩 바로 앞에 서 있으면 건물의 전체적인 모습이 보이지 않는다. 엠파이어스테이트 빌딩의 1층에 있는 식당에서 식사하고 나오면서 그곳이 어떤 빌딩인지 모를 수도 있다.

뉴욕은 20세기 초반만 해도 유럽에 대한 열등감을 느꼈다. 열등감을 극복하는 방법으로 뉴요커들은 초고층건물을 지었다. 우후죽순처럼 솟아오른 빌딩들은 나름의 개성과 상징을 이루었다. 한때 세계 최고 높이를 자랑하던 월드 트레이드 센터 빌딩은 테러로 무너진 후 다시 지어졌지만 최고 높이를 추구하지 않았다. 뉴욕은 이미 최고가 되었다는 자부심으로 열등감을 극복했기 때문이다. 더 추구할 것이 남아 있는 지역에서는 아직도 최고로 높은 빌딩에 대한 미련이 남아 있다.

건물의 인상은 꼭대기 부분이 결정짓는다. 사람의 인상을 머리 모양이 좌우하는 것과 같다. 건물 정수리가 정교하면 인상도 우아하다. 특정 지역의 건물 지붕은 그곳 사람들의 모자 모양과 흡사하다는 의견이 있다. 그러고 보면 우리나라 기와지붕의 선은 대감 모자인 정자관과 비슷하고, 초가지붕은 삿갓을 닮았다. 현대식 건물이 대부분 정수리가 밋밋한 일직선의 사각형인 것은 모자를 안 쓰는 현대인을 닮아서인가. 삭발한 두상 같은 건물은 멋이 없다.

예전에는 겉면이 돌로 된 빌딩이 대세였지만, 요즘은 유리로 된 건물이 주로 세워진다. 돌은 세월의 때가 끼면 더 중후한 멋을 풍기지만, 유리 건물은 너무 매끈해서 관록이 붙지 않는다. 나이를 가늠할 수 없는 건물에는 정이 들지 않는다. 그래서 난 유리 빌딩이 별로다.

우리 동네에도 유리 빌딩이 많다. 경제적·효율적 측면에서 여러 자재들이 어떤 특성을 지녔는지 비전문가로서 알 수는 없지만, 돌로 된 빌딩이 더 많아졌으면 좋겠다. 석조 빌딩이 멋지게 나이 들어가면서 세월을 감당하는 모습을 바라보면 애틋한 동지애를 느낀다.

# 어떤 광고판이 가장 멋질까

타임즈 스퀘어는 뉴욕의 대표적 명소이자 공연문화의 중심지다. 이곳은 라스베이거스만큼이나 강렬하고 현란한 빛을 내뿜는 조명 광고로 유명하다. 1904년 타임즈 스퀘어라는 지명을 얻고 첫 조명 광고판이 붙은 이후, 100여 년 동안 광고 화면들은 이 지역의 건물들을 거의 다 삼켜 버렸다.

극장과 호텔이 밀집해 있고, 한때 도박과 매춘으로 얼룩진 범죄의 소굴이었던 이 지역은 1990년대 중반부터 정비되어 현대 문명의 중심지로서의 역할을 하고 있다. 자본주의 사회에서 기업의 생존 경쟁은 상품을 얼마나 파느냐의 문제다. 물건을 팔기 위한 기업 간의 필사적인 노력을 자극적인 광고 화면들이 처절하게 보여 준다.

이 광고판 전쟁 속에서 한국 대기업 광고가 기죽지 않고 번쩍이며 한국인의 자부심을 세워 준다. 전 세계에서 모여드는 관광객들이 빼곡하게 서서 넋을 잃고 빛을 쳐다보니 광고 효과가 만점이다. 광고판은 일종의 비디오 아트이기도 하다.

한국 교민의 의류회사 '포에버21' 광고판은 모델들의 모습을 보여 주는 중간에 광장의 구경꾼들을 비추기도 하는데 자신의 모습을 거대한 화면 속에서 발견하는 재미가 있다. 나를 화면에 담아 주는 그 회사는 나를 존중해 줄 것만 같은 생각이 들게 한다. 사람들은 화면에 비친 자신을 바라보려고 그 광고판 앞에서 오랫동안 머문다.

자신과 브랜드와의 일체감을 느끼게 하는 이 방법은 사람의 마음을 읽을 줄 아는 광고 전략이다. 사람은 그 누구보다도 자기 자신에게 제일 지대한 관심을 갖고 있다는 것을 화면 앞에 모인 군중이 증명한다. 보고 또 보아도 또 확인하고 싶은 것이 자기 모습인 법이다. 세계의 중심에 서서 대형 화면 속에 한 점을 차지한 자신이 대견해 사람들은 자리를 떠나지 못한다.

수십 대의 오토바이 폭주족이 7번 애비뉴에서 굉음을 울리며 지나간다. 몇 대는 앞바퀴를 들고 달린다. 자동차 선루프를 열어 남녀가 상반신을 내밀고 손을 흔들며 환호하기도 한다. 오늘은 아무 날도 아니지만 이곳은 축제 분위기다. 젊은이들은 사람들이 많이 모여 있고, 불빛이 번쩍이는 그 자체로 신이 난다.

반라의 카우걸은 성조기 무늬의 반짝이 치마에 기타를 메고 손님을 유혹한다. 영화배우 르네 젤위거를 닮은 그녀는 다리 옆쪽으로 'Tips'라는 문구와 아래쪽으로 향한 화살표를 그려 놓고, 같이 사진 찍은 사람에게서 돈을 받아 부츠 속에 집어넣는다. 그녀의 허리에 손을 두른 채 뽀뽀 한 번 하고 남자들은 지갑을 꺼낸다. 그녀가 다가가 요청할 때 거절하는 남자는 거의 없다. 여자 친구와 같이 지나가던 남자도 웃으며 그녀의 손길에 순종한다. 여자 친구도 불쾌한 기색을 짓지 않는다. 공공의 장소에서 벌어지는 일이라 그런가 보다.

온갖 인종의 사람들과 부대끼는 재미, 온갖 상품의 광고판을 구경하는 흥미로 가득한 타임즈 스퀘어의 밤은 깊어져도 잠들 줄 모른다. 하루에 3백만 명이 다녀간다는 이곳의 상점도 늘 북적댄다. 극장과 옷 가게 외에 특히 아이들이 좋아하는 가게가 많다. 토이즈 러스라는 장난감 가게 안에서는 거대한 공룡이 입을 벌리며 소리를 지른다. 3층 높이의 관람차도 돌아가고, 장난감 외에 젤리와 사탕도 아이들을 유혹한다.

디즈니 가게는 디즈니 캐릭터의 옷과 인형을 갖춰 놓았고, 허쉬 초콜릿 가게에서는 초콜릿을 탑처럼 쌓았다. 맞은편의 엠앤엠즈 초콜릿 가게는 무지개 색깔별로 새알 초콜릿을 커다란 투명 실린더에 담아 놓고 판다. 엠앤엠즈 캐릭터를 이용한 옷과 가운, 우산과 장난감 등 온갖 생활용품도 어린이를 유혹한다.

이렇게 물건이 많은 나라가 있을까. 과연 소비대국이라 불릴 만하다. 미국 시장에서 성공하면 전 세계로 퍼지는 파급 효과도 크다. 광고판들은 여기서 그리고 세계에서 성공하려고 눈에 불을 켜고 번쩍댄다. 자본주의의 성지나 다름없는 타임즈 스퀘어에서 사람들은 기꺼이 순례자가 된다.

　앞으로 서울 코엑스 일대에도 타임즈 스퀘어처럼 옥외 광고물이 설치되어 새로운 관광명소가 될 예정이다. 밤하늘의 별을 잃어버린 도시인에게는 번쩍이는 광고물이 위안이 된다. 어둠을 밝히는 어떤 빛에서도 인간은 희망을 본다. 몇 십 광년을 날아온 별빛이든, 디지털 기술로 밝혀진 인공 빛이든, 쉬지 않고 반짝이는 빛에서 우리는 가슴 뛰는 설렘을 느끼고 암흑에 대한 원초적 불안을 달랜다. 원시인들이 모닥불의 불꽃 춤으로 고단한 심신을 달랬듯이, 현대인은 현란한 광고판을 바라보며 상품에 대한 꿈을 꾼다. 코엑스 일대도 타임즈 스퀘어처럼 거대한 캠프파이어장이 될 모양이다.

# 센트럴 파크의 벤치들이 전하는 말은 무엇일까

센트럴 파크의 벤치 등받이에는 글귀가 새겨진 금속판이 붙어 있다. 얼마간의 돈을 내면 원하는 글귀를 새길 수 있다. 대개는 죽은 이를 추모하는 내용이지만 생일 축하나 청혼하는 글, 잠언도 있다.

- 톰과 수전 매디간. 센트럴 파크에서의 행복했던 시간에 감사하며. 1999. 크리스마스.
- 우리의 진구를 기억하며, 도널드 W. 퍼마글리치
- 생일 축하해요, 헨리. 우리는 언제나 뉴욕과 서로를 소유할 거예요. 사랑으로, 크리스티나, 2001. 2. 10.
- 톰슨 L. 스미스. 1963~1999, 아들, 형제, 친구, 영웅.
- 케투라, 나와 결혼해 주겠소?

- 척의 벤치, 사랑으로, 민카와 터크.

- 톰, 위대한 리트위니, 내 인생의 마술, 사랑하는 당신의 70회 생일을 축하해요! 도티.

- O. N. L. Jr. 당신은 언제나 우리의 등대입니다.

- 만일 당신에게 인생이 중요하다면, 여기서 친구와 시간을 보내세요.

- 가장 좋은 것은 아직 오지 않았다.

- 에드워드 R. 루빈. 예술과 동물원, 자연은 영원히 당신 인생의 열정이었다오. 당신의 가족과 친구들, 안드레아와 달마시안 니키타.

- 우리는 항상 당신을 그리워하겠지. 잭 그로스만.

- 나는 우리가 함께했던 멋진 시간을 네가 항상 기억하기를 희망한다. 사랑으로, 아빠가.

- 살아라, 사랑하라, 웃어라. 존 스티븐슨 (1915~2002), 스티븐슨 가족.

- 예술과 극장, 공원을 사랑했던 도로시 스텔신을 기억하며.

- 생일 축하해요! 보니 제인 로브, 당신은 사랑스럽소. 2000. 3. 13.

- 당신의 100세 생일을 축하하며. 당신은 센트럴 파크에서 걸었고, 휴식했으며, 인생을 즐겼소.

- 모든 사람은 빵뿐만 아니라 아름다움을 필요로 한다. 케이와 빈 코플로비츠가 중요하게 생각하는 말.

- 사랑스러운 남자이자 아빠였던 존, 나의 과거도 여기에 누워 있네. 안녕.

- 이날을 즐거라! 그는 생의 소중한 기쁨을 우리에게 가르쳤다. 앉고, 쉬고, 그것을 즐겨라.
- 지금과 영원은 금방이다.
- 음악가, 작가, 헌신적인 친구, 사랑받는 형제이자 아들이었던 스콧(1961-2001)을 기억하며. 록음악을 계속하길!
- '매기의 사랑을 위하여'란 뮤지컬에서 영광스러운 역을 맡았던 바바라(1925-1993).
- 엘라를 기억하며. 그녀의 혁명적인 정신이 살아 있기를.
- 우리가 보는 모든 것은 꿈속의 꿈일까?
- 지지는 다이아몬드 박힌 하늘에 있고.
- 이처럼 기쁜 정원에 있는 모든 것이 행복하고 불멸의 축복을 누리길.

센트럴 파크의 벤치에 새겨진 글들은 평범하다. 이런 평범함 속에 위안과 휴식이 있다. 삶은 평범해도 괜찮다. 세상에 태어나 공원에 벤치 하나 기증한다면, 그 위에 자신의 이름과 하고픈 말을 남긴다면, 수많은 이들이 거기에 앉아 자신이 본 것을 보고, 삶의 평온한 시간 한 조각을 음미할 수 있다면, 그 벤치는 세상을 받치는 든든한 두 손이 되리라.

한국도 지자체마다 공원과 산책로 정비에 심혈을 기울인다. 가는 곳마다 걷기 좋은 길과 깨끗한 화장실을 조성해 놓은 탓에 선진국 부럽지 않다. 그렇지만 벤치는 모자란다. 벤치가 많으면 공원을 스

처 지나가는 대신 머물며 즐길 수 있다. 신선한 공기를 마시며 지나
가는 사람을 구경하고, 구름을 세어 보고 꽃을 들여다보며 사색할
여유가 생긴다. 우리도 벤치 기증을 받으면 좋겠다. 기증자가 원
하는 문구를 남기게 하면 앉는 사람마다 기증자와 교감하고 감사할
수 있다. 국민 행복지수도 조금은 올라갈 것 같다. 비록 평범할지
라도 삶이 압축된 문구는 마음에 닿는 문학이 된다.

# 예술가들은 왜 첼시 호텔을 사랑하나

오 헨리와 딜런 토마스, 마크 트웨인, 아서 밀러, 테네시 윌리엄즈, 시몬느 드 보봐르, 장 폴 사르트르, 토마스 울프, 지미 헨드릭스, 밥 딜런, 제니스 조플린, 레너드 코헨, 짐 모리슨, 마돈나, 마릴린 먼로, 앤디 워홀이 묵었던 호텔. 그곳을 찾아갔다. 작가와 연예인들이 유독 즐겨 투숙했던 호텔은 어떤 분위기일까.

7번 애비뉴와 23번 스트리트에 첼시 호텔이 있다. 주변 건물들과 거리는 별로 화려하지 않다. 대로변의 첼시 호텔은 붉은 벽돌로 이루어졌고, 규모가 꽤 크다. 완공 당시 이 건물은 뉴욕에서 가장 높은 건물이었고, 극장가의 중심부였다고 한다. 한때 뉴욕에서 제일 잘나가는 장소였던 셈이다.

건물 1층 입구의 왼쪽은 도넛 가게고, 오른쪽은 문신 가게가 차지하고 있다. 도넛과 문신. 입맛에 맞는 싸구려 음식과 취향에 맞는 원색의 몸 그림. 이 둘은 묘하게 공통점을 갖고 있다. 건강보다는 맛, 남의 시선보다는 나의 개성을 중시해 내 맛대로, 내 멋대로 살고자 하는 이를 위한 것이란 점에서. 하긴 예술가도 이 부류에 속한다. 내 맘대로 무언가를 만들어 내는 사람들이니까.

입구의 한쪽에는 호텔의 역사에 관한 설명이 적혀 있다. 이 건물은 1884년 아파트로 지어졌다가 1905년 호텔로 바뀌었고 사적지로 등록되었다. 이곳은 여러 가수의 노래에 등장했고, 영화의 배경이 되기도 했다. 타이타닉호 생존자들도 머물렀고, 어떤 화가는 112세에 죽을 때까지 35년간 살았으며, 마돈나도 80년대에 거주했다. 유명인들의 자살과 병사, 애인의 칼에 찔려 죽은 사건 등으로 인해 이 호텔은 더 유명해졌다.

호텔 안으로 들어섰다. 로비의 분위기는 화려하거나 밝고 경쾌한 것과는 거리가 멀다. 약간 낡고 어둡고 기이하기까지 하다. 벽에는 그림들이 빈틈없이 걸려 있고, 웬만한 미국 가정 거실 크기 정도의 로비에는 소파 한 세트가 마주 보고 놓여 있다. 소파에 앉은 한 여자는 노트북에 무언가 쓰고, 맞은편 흰 수염을 기른 남자는 책을 읽고, 그 옆 젊은 여자는 신문을 뒤적인다. 모두 글자와 관계된 작업을 진행 중이다.

나는 벽 쪽의 2인용 긴 의자에 가 앉았다. 로비를 찬찬히 둘러보았다. 가운데 천장에는 그네 타는 핑크색 여자 조형물이 매달려 있다. 벽의 그림들도 예사롭지 않다. 서정적이고 낭만적인 그림은 한 점도 없다. 로버트 램버트의 '내가 장 미쉘 바스키아를 본 마지막 순간'이라는 그림은 빨간색과 노란색, 보라색과 초록색을 사용한 강렬한 색조다. 바스키아는 뉴욕에서 활동한 낙서 화가로 20대에 요절했다. 바스키아의 그림만큼이나 이 작품도 비주류의 개성을 보인다. 이외에 양철조각을 사람 비슷한 모양으로 잘라서 구부리고 색칠해 붙인 작품도 있다.

천장의 샹들리에에도 세월의 때가 묻어 있다. 때가 온통 더 묻을수록 이 호텔은 가치가 올라간다. 보통 때가 아니기 때문이다. 미술 작품 수집가였던 페기 구겐하임은 이곳에서 잭슨 폴락이 바닥에 토하자 그 카펫을 액자에 넣으면 돈이 될 것이라고 말했다. 하마터면 이 호텔의 카펫은 작품이 될 뻔했다.

고급 호텔 입구에는 도어맨이 있지만, 여기는 카운터 옆에 경호원이 서 있다. 벽에 붙은 그림들을 사진 찍어도 되는지 몸짓으로 물어보니, 그는 고개를 끄덕인다. 그는 몸집은 크지만 표정은 순하다. 관광객이 자주 올 법한데, 지금은 나만 구경하러 왔다. 이곳은 일반적으로 인기 있는 관광코스는 아닌 듯하다. 체크인 카운터 왼쪽으로 가니 공중전화기 위에 인형들이 매달린 조형물이 설치되어 있다. 좁고 어두운 공간에 인형들이 있으니 무섭다. 이 호텔에 묵은 일본인 한 쌍에 관한 괴기영화가 2009년 만들어졌다는데 그럴 만한 분위기다.

입구 쪽으로 돌아와 다시 의자에 앉았다. 의자는 아주 튼튼하게 생겼다. 전형적인 미국식 가구다. 의자의 팔걸이용 나무 조각은 군데군데 칠이 벗겨진 상태다. 아래쪽 나무 장식은 겉 조각이 다 떨어져 나갔다. 앉는 자리의 누런색 천도 때가 꼬질꼬질하다. 아마 백 년도 넘지 않았을까 싶다.

건물이 완공된 직후부터 이 소파는 이 자리를 차지해 왔는지도 모르겠다. 그렇다면 유명한 작가들도 다 이 자리를 거쳐 갔겠지. 테네시 윌리엄즈도 창밖의 행인을 구경하고, 마크 트웨인도 앉아서 신문을 읽었겠지. 로비에 앉아 있는 사람들도 예전 유명 작가들의 기운을 받으려고 이리로 온 것일까. 나도 의자의 팔걸이를 다시 한 번 쓰다듬어 본다.

귀국해 인터넷에서 이 호텔이 부동산 개발업자에게 팔렸고, 곧 문을 닫았다는 소식을 알았다. 이 건물은 앞으로 어떻게 변할까. 로비의 의자들도 모두 버려졌을까. 이야기를 간직한 호텔이 사라진다니 아쉽다. 역사를 중시하는 미국인들이 이런 호텔을 보존하지 않다니 의아하다. 한국에서는 소설 '태백산맥'에 등장하는 벌교의 보성여관, 나혜석이 묵었던 수덕사 수덕여관 같은 문화적 가치를 지닌 여관을 보존한다.

서대문 형무소 주변에는 100년 전 모습 그대로인 여관 골목이 있다. 이 여관의 주인들은 이 지역을 보존하자고 할까 봐 외부인의 방문을 꺼린다는 기사를 보았다. 건물 주인들의 재산권 행사를 무작정 막을 수도 없다. 보존이냐, 개발이냐 하는 문제에도 돈이 관련된다. 첼시 호텔의 미래는 개발 쪽으로 결정되었다. 사라지는 장소에서의 한 가닥 추억은 더욱 강렬하게 남겠지.

# 5

## 패션

양극화 추세는 여자 신발 굽에도 나타난다. 플랫 슈즈는 점점 더 낮아지고, 킬힐은 점점 더 높아지고 있다. 여자들의 구두 사랑을 증명하듯이 큰 백화점들은 한 층 전체를 구두 매장으로 꾸민다. 삭스 피프스 애비뉴 백화점은 8층 전체가 구두 전문 매장이다. 세일 기간 중엔 여자들이 게걸스럽게 구두를 시식(?)하느라 정신없다. 요즘 구두는 굽이 화두다. 높이로 경쟁하는 한편, 소재로도 경쟁에 나서 기존 소재 외에 플라스틱, 금속, 나무도 사용한다.

# 맨얼굴과
# 긴 생머리여야
# 하나

세수만 하고 나왔나? 뉴욕 여자들 얼굴은 화장한 것 같지 않다. 아무리 요즘 자연스러운 화장법이 유행이라 해도 화장한 티가 안 난다. 뚜렷한 얼굴 윤곽에 눈썹 숱도 풍부하고 머리카락이나 눈동 자에 화려한 색소가 많으니 얼굴에 덧칠을 하거나 색소를 사용할 이유가 없는 것일까.

화장 덕을 가장 잘 볼 수 있는 인종은 동양인이다. 화장을 통해 눈 크기와 눈썹 숱을 보강하고 얼굴에 음영을 만들며 색을 입혀 얼 굴을 돋보이게 할 수 있는 구조다. 한 조사에 따르면 한국 여자들이 화장품 종류를 세계에서 가장 다양하게 소유하고 있는 것으로 나타 났다. 한국 여자라면 스킨, 로션, 에센스, 선크림, 파운데이션 정 도는 기본으로 바르는데 다른 나라에서는 두어 가지만 바르는 경우가 대부분이라고 한다. 세계적인 화장품 회사들은 새로운 제품을 출시할 때, 화장품을 많이 사용하고 까다롭게 평가할 줄 아는 한국 여자들에게 반응을 미리 시험해 본다.

친구가 미국에서 B 회사의 BB 크림을 사다달라고 부탁해서 백화점에 갔다.

"BB 크림 있어요?"

"없어요."

점원은 고개를 젓는다.

"다 팔려서 없는 건가요?"

"아니요."

"혹시 아시아에서만 파나요?"

"그래요."

'혹시 한국에서만 파나요?' 하고 물어보지는 않았다. 새로운 것을 좋아하고 그것이 유명해지면 금방 유행하는 한국의 속도감은 유명하다. 한국에서는 BB 크림을 모르는 사람이 없을 정도인데 뉴욕에서는 찾는 사람이 없는지, 그런 크림의 존재도 모르는 건지 궁금하다. 한국은 현대 화장품 발달의 역사를 앞에서 끌고 간다. 한류의 영향으로 한국 연예인 화장법이 유행이라 화장품 매출이 급상승 중이라고 한다.

미국의 연예인들은 화장을 많이 하지만 거리의 보통 사람들은 화장기가 별로 없다. 여기서 화장할 때는 입술 화장이 가장 신경 쓰인다. 눈이야 선글라스를 쓰니 잘 안 보이지만 입술은 마스크를 쓰지 않는 다음에야 노출되기 마련이다. 핏기 없는 입술에 아무것도 안 바를 수는 없고, 한국에서 사용하던 것보다 옅은 립스틱을 발랐다. 색이 혹시 짙은지 재차 확인했다. 군중 속에서 내 입술 색이 도드라질까 걱정이 되어서.

거리의 여자들은 대부분 긴 생머리다. 머리를 길게 풀어 헤쳐야 섹시하다고 생각하는 것일까. 여자가 할 수 있는 최고의 머리 모양이 긴 생머리라 해도 이렇게 넓게 분포되어 있기는 쉽지 않다. 여자들은 여름인데도 여간해서 머리를 묶지 않고 다닌다. 대신 손목에 여차하면 머리를 묶을 고무 밴드를 차고 다닌다. 지하철에서 맞은편에 앉은 여자 너덧 명은 약속이나 한 듯 모두 헤어밴드를 손목에 끼고 있었다. 단발 길이지만 샤워할 때 빼고는 여름 내내 머리를 묶고 다니는 나의 기준으로 볼 때 털목도리 같은 긴 머리는 답답해 보인다. 달려가 손목의 고무 밴드를 빼서 머리를 묶어 주고 싶을 정도다.

할머니도 긴 생머리를 가진 사람이 많다. 저녁 무렵 숙소 근처의 공원에 간 적이 있다. 벤치에 앉아 차분해진 공기를 즐기고 있는데 삐쩍 마른 한 할머니가 반바지에 흐트러진 긴 생머리를 휘날리며 다가왔다. 순간 섬뜩해서 곧바로 시선을 돌렸다. 할머니는 약간의 간격을 두고 내 옆에 앉았다. 말없이 한 벤치에 앉아 있기가 민망했다. 할머니가 다가올 때 눈 마주치고 인사라도 건넬 걸 그랬다. 하지만 한번 타이밍을 놓치면 인사하기가 쉽지 않다.

할머니는 책을 읽기 시작했다. 그 틈에 관찰하니 흰머리를 금발로 염색해서 머리카락 뿌리 부분은 백발이었다. 허리까지 내려오는 길이의 부스스한 머리카락은 아름다움과는 거리가 멀다. 동화책에 나오는 마녀 할머니의 이미지가 머리카락에서 느껴졌다. 할머니를 처음 보고 시선을 나도 모르게 피한 것은 이런 무의식적 연상 때문이었을까. 책을 읽는 할머니를 보자 미안한 마음이 들었다.

70세는 족히 넘어 보이는 연세에도 긴 생머리와 반바지, 벤치에서의 독서를 포기하지 않은 할머니에게 호기심이 일기 시작했다. 어떤 인생을 살아온 분일까. 저녁 시간에 책을 들고 공원에 나올 수 있다면 홀로 사는 분일 가능성이 높겠지. 자기 주관이 확실한 성격이라 아직 긴 머리카락도 포기하지 않았나 봐. 나만의 추측을 즐겼다.

뉴욕 여자들의 맨얼굴과 긴 생머리는 그들의 바쁜 생활을 보여 주는 걸까. 화장하거나 미용실 갈 시간이 없나. 외모에 돈 들인다는 인상을 주고 싶지 않은 것일까. 자연스러운 아름다움을 최고로 치기 때문일까. 아무튼 유행을 선도한다는 여기서는 점점 덜 꾸미게 된다.

# 액세서리는 과감해야 하나

희한한 장신구를 자신 있게 걸친 여자들을 이곳에선 자주 마주친다. 세계 각국의 장신구 문화가 유입되었기에 이처럼 다양한 디자인을 선보일 수 있을 것이다. 거리의 장신구 가게에는 옛 왕족 장신구만큼 요란하고 대담하며 과시적인 목걸이와 귀고리가 진열되어 있다. 팔찌만 한 귀고리와 대합조개만 한 장식이 달린 목걸이도 흔하다. 요즘 유행하는 깃털 달린 귀고리와 목걸이도 보인다. 바람이 불면 깃털이 휘날려 사랑스러운 느낌을 준다. 거리에서도 깃털 장신구를 걸친 여자를 여럿 보았다.

독특한 장신구는 사람들 간의 대화를 이끌어 내는 역할도 한다. 센트럴파크 남단에 위치한 플라자 호텔 앞 광장에 앉아 분수를 보고 있을 때의 일이다. 분홍색 상의와 흰 바지를 입은 백발의 할머니가 옆 벤치에 와서 앉았다.

"참, 좋은 날씨죠?"

할머니가 말을 건네 온다.

"네, 아주 좋네요. 여기 사세요?"

할머니의 차림새가 여행객처럼 보이지 않아 물어보았다.

"맨해튼은 아니고 퀸즈에 살아요. 난 뉴욕 근처에서 태어나 평생을 뉴욕에서 살았어요."

"진짜 뉴요커시네요."

뉴욕에서 40년 이상 살아야 진짜 뉴요커라는데 할머니는 기준을 넘는다.

"당신은 여행 중인가요?"

"네. 한국에서 왔는데 일주일 후에 떠나요."

"난 주로 유럽 쪽으로만 여행을 다녔어요."

"목걸이가 예쁘네요."

할머니의 목걸이는 철사 같은 금줄에 커다란 진주가 한 알 꿰어져 있다. 금줄은 똑바르지 않고 이리저리 불규칙적으로 구부러진 상태다.

"이거요? 딸이 만들어 준 거예요. 6번가에 액세서리 재료를 파는 곳이 있는데 딸이 거기서 금줄과 진주를 사서 만들었어요. 자랑할 기회를 줘서 고마워요."

"딸이 액세서리 디자이너인가요?"

"아뇨, 다른 직장 다니는데 취미로 이런 걸 만들어요. 난 참 운이 좋죠?"

"그러게요. 세상에서 하나밖에 없는 특별한 목걸이도 선물 받으시고요."

"지금 딸과 점심 먹으려고 기다리고 있는 거예요."

"저도 한국에서 엄마와 자주 만나 점심 먹어요."

"모녀 사이는 어디나 비슷하군요."

우리는 미소를 나누었다. 그때 할머니의 핸드폰이 울렸다.

"딸이 회사에서 택시 타고 이리 오고 있대요."

12시 5분 전이었다.

"12시에 약속하셨나 봐요."

"네. 이제 가 봐야겠어요. 좋은 여행 되세요."

"즐거운 점심 드세요."

벤치에 햇빛이 들기 시작해 나도 일어섰다. 더위를 식힐 겸 근처에 있는 5번가의 티파니 상점으로 피서를 갔다. 오드리 헵번 주연의 영화 '티파니에서 아침을'을 찍은 그곳이다. 영화를 보며 언젠가 뉴욕의 티파니에 가면 가느다란 반지라도 하나 사야겠다고 생각했다. 티파니에서 무엇이라도 사야 숙녀가 될 것 같았다.

티파니의 문을 열고 들어가니 손님이 붐빈다. 정교하고 깔끔한 디자인의 제품들은 가격표를 숨기고 있다. 비싼 가격에 지레 놀란 소비자가 달아나지 않도록 친절을 베푼다. 오래 쳐다보면 "May I help you?" 하고 점원이 다가올까 봐 스치듯 구경을 했다. 비싼 보석은 감상용 예술품으로 대하는 것이 속 편하다. 1층 매장의 상당

부분은 화가 피카소의 딸인 팔로마 피카소가 디자인한 제품들이 차지하고 있다. 아버지를 닮아 색과 형태를 능숙하게 구사한다.

옆에서 베이지색 재킷을 입은 중년의 백인 남자가 목걸이를 보여달라고 한다. 무슨 기념일일까, 아내한테 주려나, 아니면 마음에 드는 여자를 유혹하려는 것일까. 기념일에 선물은 하나도 안 주고 그저 밥이나 한 끼 사 먹으면 그만인 남편에게 낭만이 없다고 불평하면, 혼자서 보석 사러 다니는 남자는 바람둥이라고 남편은 억지를 쓴다. 하긴 집에 도둑이 두 번 든 이후로는 금반지 하나 사기도 꺼려진다. 비싼 것 사다 두면 도둑 좋은 일만 될 것 같아 결국 아무것도 안 샀다. 5번가 티파니를 둘러본 경험은 도둑이 훔쳐갈 수 없으리라.

크리스털 제품과 은식기가 있는 4층에 올라가 보기로 했다. 정장차림의 남자들이 3대의 엘리베이터를 운행한다. 몇 층에 가느냐고 일일이 정중하게 묻는다. 같은 엘리베이터에 탄 여자는 오드리 헵번처럼 올린 머리에 투피스 차림이다. 티파니 매장에 어울리는 모습이다. 영화 한 편의 위력은 대단해서 전 세계 여자의 환상을 자극하고 갈망을 낳는다. 티파니는 오드리 헵번에게 영원히 고마워해야 한다.

요즘은 비싼 장신구보다는 독특한 장신구를 얼마나 어울리게 걸쳤는지가 패션 감각에서 중요하다. 그런 면에서 아이리스 아펠은 유명한 할머니다. 검은색 둥그런 뿔테 안경과 백발의 짧은 커트 머리가 잘 어울리는 그녀는 양쪽 팔목부터 팔꿈치까지 각종 팔찌를

겹쳐서 착용하거나, 아보카도 씨앗 크기의 구슬로 만들어진 목걸이를 여러 겹 두르기도 한다. 옷도 공작새 저리 가라 할 정도로 강렬한 원색을 소화한다.

그녀는 유리와 거울 사업하는 아버지와 패션 부티크를 운영하는 어머니 사이의 외동딸로 1921년 태어났다. 인테리어와 섬유 사업을 했는데 트루먼부터 클린턴까지 9명의 대통령을 위해 백악관을 단장했다. 전 세계 여행을 다니면서 수집한 민속의상과 장신구를 상류사회 파티에 걸치고 가고, 장신구도 싼 것이 대부분이라고 한다. 2016년 95세의 나이에 장신구 회사와 협업했고, 그녀의 일대기를 다룬 영화도 있을 정도다. 그녀는 자신만의 스타일을 고수해 하나의 아이콘으로 등극했다.

뉴욕에선 요란한 장신구만으로도 세계적 유명인이 될 수 있다. 백 살 가까이 일관되게 할 수 있다면.

# 문신과 피어싱의 영역은 어디까지인가

　뉴요커의 몸치장에서 빼놓을 수 없는 것이 문신과 피어싱이다. 뒷골목과 어두운 곳에서 활약하던 사람들이 애용하던 문신과 피어싱이 여기서는 일반화되었다. 청년이나 여학생, 경찰관에서부터 할아버지까지 문신이나 피어싱을 즐긴다.

　미국 전체 인구의 25%는 3개 이상의 문신을 갖고 있다고 한다. 이러한 치장 문화는 할리우드 스타들의 영향이 크다. 안젤리나 졸리의 몸에는 여러 가지 문신이 새겨져 있다. 그녀의 강인한 이미지에 어울리는 무늬들은 여자의 문신에 대한 거부감을 없애기에 충분했다.

　문신은 팔이나 등뿐 아니라 얼굴 전체, 목둘레, 양쪽 종아리 등 부위를 가리지 않는다. 그림도 사람, 동물, 글자, 풍경, 추상적 무늬를 비롯해 무엇이든 가능하다. 목의 옆 부분에 한글로 '사랑'이라고 새긴 백인 남자도 있다.

얼마 전 TV에서 어느 밀림 속 부족 여인들이 입술과 그 주변을 검은색으로 문신한 것을 보았다. 그들은 검은 입이 아름답다고 여긴다. 시술할 때 마을 여자가 바늘이 수없이 박힌 솔로 누워 있는 소녀의 입술 부위를 가차 없이 두드린 다음 검은색으로 칠했다. 입술 주위로 피가 철철 흐르고 입은 퉁퉁 부어올랐지만, 소녀는 눈물을 흘리면서도 신음을 애써 참고 있었다. 입술 문신 전통이 일종의 성년식인지 아니면 다른 부족과의 다툼이 잦았던 과거에 다른 부족 남자들에게 혐오감을 주기 위함인지는 알 수 없다.

전통은 본래의 의미와 취지가 사라진 뒤에도 오래도록 이어져 그것을 어기는 것은 터부가 될 정도로 위력을 발산한다. 폐쇄된 사회일수록 전통이 강하게 남아 있어 그것에 대한 거부가 어렵다. 생각 같아서는 소녀들을 입술 문신에서 구하고 싶지만, 소녀들 자신도 문신하면 예뻐진다고 여긴다니 말릴 수 없다. 전통 속에서 내려온 변형된 미적 관념을 바꾸기란 쉽지 않다.

오래전 뉴질랜드의 마오리족은 신분이 높은 남자일수록 온몸과 얼굴에 문신을 많이 했다고 한다. 또한 문신은 성인이 되기 위한 통과의례의 성격도 띠고 있었다. 이런 문신이 뉴질랜드에 백인이 들어오면서 많이 사라졌다가 요새 부활하는 기미가 보인다고 한다. 문신이 세계적으로 유행하기 때문인 것 같다.

메이플라워호를 타고 아메리카 대륙에 온 사람들은 수호신의 의미로 문신을 새겼다고 한다. 비장한 마음가짐을 문신을 통해 다잡았던 것이다. 조직폭력배도 부적의 기능, 소속의 결속, 계급의 표시로 문신을 이용한다.

문신은 육체적 고통을 겪은 후에 얻어지는 장식이다. 피어싱도 문신만큼은 아니지만 역시 고통을 수반한다. 문신이나 피어싱을 볼 때 약간의 위압을 느끼는 이유는 그 사람이 고통을 당한 후에 그것을 얻었기 때문이다. 문신이나 피어싱을 하는 사람의 심리는 고통의 크기를 보여 주려는 것인지도 모르겠다.

피어싱 시술 부위로 귀는 평범하고 눈썹, 입술, 혀, 배꼽, 양 콧구멍, 그 외에 창의적 부위가 시도되고 있다. 그래도 문명과 차단된 부족들의 피어싱 강도에는 아직 미치지 못한다. 아마존의 조에 족은 모두 턱 부분에 긴 나무조각을 낀다. 둥그렇게 깎은 손바닥 크기 나무조각을 아랫입술에 끼운 다른 부족도 TV에서 본 적이 있다. 이런 부족들은 충격적인 피어싱으로 다른 부족과 자신들을 구별하려고 한다.

현대인이 문신과 피어싱을 하는 이유 중 하나는 개성 때문인데, 문신과 피어싱을 한 사람이 너무 흔하면 곤란하다. 더 이상 남다르지 않으니까.

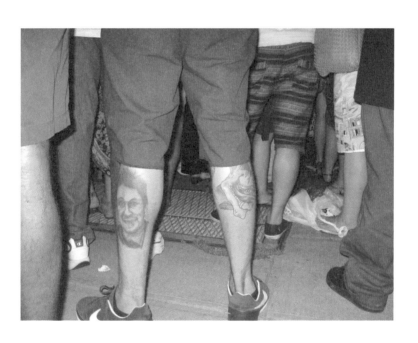

# 가슴골과 속옷 노출은 죄가 없나

글래머가 아닌 여자는 미국에서 파는 티셔츠를 입기가 곤란하다. 티셔츠 대부분이 가슴골이 보이도록 파여 있기 때문이다. 볼륨이 풍부한 이곳 여자들에게는 시원스레 파인 티셔츠가 어울린다. 중세의 귀족 여인들도 긴 치마를 입었을지언정 가슴 부분은 골이 보이도록 노출했다. 여성의 미를 한껏 보여 줄 방도가 그것밖에 없어서인지, 수유를 잘할 수 있음을 드러내려는 의도인지 모르겠지만, 서양의 그 전통이 티셔츠로 이어진다. 가수 제니퍼 로페즈는 앞부분이 배꼽 아래까지 파인 드레스를 입고 나타난 적이 있다. 극한의 한계점까지 파인 옷을 선보인 셈이다.

길거리에서 방송 프로그램을 촬영하는 현장을 본 적이 있다. 지나치려는데 여성 사회자의 거대한 가슴이 눈길을 사로잡았다. 가

습골이 깊게 파인 옷을 입고 있어서 더욱 돋보였다. 보기 드문 가슴 사이즈가 신기해 같은 여자인데도 시선을 떼기 힘들었다. 무슨 말을 하는지 귀에 들어오지도 않는다. 이런 사람이 방송을 진행하면 시청률은 높겠지만 내용 전달은 불리할 것 같다.

현대에서 여성의 아름다움을 칭찬하는 데 사용되는 단어는 'beautiful'이 아닌 'sexy'다. 아름다움의 기준이 얼굴에서 몸으로 비중이 넘어가 성적인 매력이 중요해졌다. 불쌍한 것은 남자들이다. 노출된 수많은 가슴골 옆에서 시선을 억지로 여자들 얼굴 위로 잡아 두느라 고생한다.

가슴골뿐만 아니라 브래지어도 공개적이다. 브래지어는 속옷인가 겉옷인가. 여자들의 차림에서 브래지어 끈이나 등 쪽의 잠금장치가 보인다. 가리려고 했는데 실수로 보이는 것이 아니라 자연스럽게 노출되어 있다. 여자들은 가느다란 끈으로 된 탑이나 뒷부분이 많이 파인 옷을 입어 브래지어를 보여 준다. 심지어 운동용 브래지어만 걸치고 달리기를 하는 여자도 있다. 속옷은 철저히 겉옷 안에 숨어야 한다는 고정관념이 박힌 세대에게는 이상한 모습이다.

브래지어뿐만 아니라 팬티의 허리 부분이 보이는 적도 많다. 엉덩이 부분이 짧은 바지가 유행이라 남녀 모두 허리를 숙이면 팬티가 보이기 십상이다. 어떤 이는 팬티를 일부러 보이려는 것처럼 바지를 엉덩이 중간에 걸친다. 노출 패션이 유행이니 이젠 속옷도 아무거나 입으면 안 된다.

'빅토리아 시크릿'이라는 속옷 회사의 패션쇼는 전 세계에 중계된다. 유명 모델들이 속옷만 입고 당당히 런웨이를 걸으며 찬사를 받는다. 어떤 속옷을 파나 하고 한 매장을 방문했더니 겉옷 파는 가게보다 더 붐빈다. 속옷에 대한 관심이 이렇게 대단한지 몰랐다.

하늘하늘한 망사로 된 작은 팬티와 뒤쪽이 끈으로만 된 팬티도 있는데 이것들은 옷이 아니라 액세서리에 가깝다. 팬티에 문구가 적힌 것도 있다. '네, 제발요(Yes, Please).', '거칠어져요(Get wild).', '내 남자 친구는 오늘 밤 여기 없어요(My boyfriend is out of town tonight).', '당신의 남자 친구에게 내가 거절했다고 말해요(Tell your boyfriend I said no).', '내 생각은 안 해도 돼요(Don't even think about me).' 이런 도발적 문구가 보인다. 말로 직접 하기 껄끄러운 단어를 숨겨 놓은 것인가. 숨겨진 비밀 같은 욕망을 빅토리아가 대신 말해 준다.

가수 마돈나는 속옷 패션을 입고 노래를 불러 화제가 된 후, 인기가 더 상승했다. 마돈나의 후예들은 거리에서 당당히 속옷을 보이며 활보한다. 마돈나는 속옷의 폐쇄성을 해방시키는 데 큰 역할을 했지만, 정작 자신의 딸은 보수적으로 키우겠다고 인터뷰에서 밝힌 적이 있다. 하긴 신은 없다고 소리치던 인물들이 죽어서는 교회에 묻힌 것에 비하면 약과다.

# 여름엔 선글라스,
## 겨울엔 비니를
## 쓰나

　뉴요커는 여름엔 모자를 잘 쓰지 않는다. 거리에서 양산을 쓴 여자도 못 보았다. 하지만 선글라스는 필수품이다. 이곳에선 선글라스를 쓰지 않으면 눈이 따갑고 아플 정도다.

　미국에서 보는 해는 왜 더 큰지 모르겠다. 스모그가 덜해 빛이 더 강해서일까. 로스앤젤레스 바닷가에서 신년 해맞이를 한 적이 있는데 해가 한국에서 보던 것보다 훨씬 커 보였다. 남의 떡처럼 해도 외국에선 더 커 보이나. 뉴욕의 해도 서부처럼 아침부터 빛이 무척 강하다. 아침 8시 반에 밖으로 나서면서부터 선글라스를 써야 할 정도다.

　하루 종일 선글라스를 쓰고 있으면 답답하지만, 시선 방향의 비밀 보장이 이루어지는 장점이 있다. 누가 누구를 혹은 어디를 보는

지 모른다. 물론 느낌으로 시선이 감지되기도 하나 정확히 어디를 보는지는 알 수가 없다. 워낙 쳐다보고 싶은 사람이 많은 곳이라 선글라스를 쓰면 여러모로 편하다.

뉴욕 거리는 높은 빌딩들 사이를 지나는 거센 바닷바람이 땅바닥의 흙먼지를 끌어올리는 때가 많아 눈을 잡티로부터 보호하는 데도 선글라스는 유용하다. 이래저래 현관문을 나서자마자 가방 속의 선글라스부터 찾게 된다.

더울 땐 모자를 안 쓰지만, 추우면 그들은 털실로 짠 비니를 쓴다. 귀까지 덮어 따뜻한 비니 모자를 남녀노소, 빈부차이 없이 즐겨 쓴다. 한국에선 주로 군밤장수 아저씨들이 쓰는데 여기선 밍크코트 입은 할머니도, 정장 코트를 입은 신사도, 청년과 학생들도, 노숙자도 비니를 썼다. 뉴요커는 겨울 모자에서만큼은 평등하다.

예전에 비니는 주로 블루칼라나 야외 근무자들이 쓰던 모자였다. 블루칼라 노동자들은 일할 때 머리카락이 떨어지지 않게 할 목적으로 비니를 썼고, 선원이나 사냥꾼은 체온을 유지하기 위해 애용했다. 1940년대 중반 야구모자가 유행하며 비니의 인기는 떨어졌다.

1950년대쯤 미국의 일부 대학에서는 신입생들에게 이 모자를 쓰게 했고, 남학생 모임에서도 신입회원을 가볍게 괴롭힐 목적으로 비니를 차용하게 했다. 캔사스주에는 아직도 이 전통을 고수해 입학 첫 주 동안 비니를 쓰게 하는 대학이 있다고 한다.

다른 나라에서는 사계절 내내 야구모자가 인기인데, 뉴욕의 겨울 길거리에서는 비니가 대세다. 야구모자는 챙 때문에 바람에 벗겨질

위험이 있어서 뉴요커들은 비니를 사랑하나 보다.

비니는 일단 쓰고 나가면 도중에 벗기가 곤란하다. 머리카락이 눌리기 때문에 벗으면 머리 모양을 살릴 수 없다. 그들은 머리가 따뜻하면 머리카락 모양은 어찌 됐든 상관하지 않는 것일까. 아니면 남자들은 삭발한 사람이 많아 괜찮고, 여자들은 긴 생머리라 비니 벗고 머리를 묶으면 그만이라 그럴까.

# 치마와 신발의
# 양극화는
# 어디까지인가

치마 길이는 경제 상황을 반영한다는 말이 있다. 미니가 유행할 때는 호황이고, 맥시는 반대라는데 둘이 동시에 유행하는 지금은 호황인가, 불황인가. 미니와 맥시의 동시 유행은 경제의 양극화 현상을 극명히 보여 주는 것 같다. 세계 각국에서 중산층의 붕괴가 우려되는 가운데 중간 길이의 치마는 모습을 감추었다. 옷 가게의 마네킹도 미니 아니면 맥시 치마를 걸쳤다.

요즘은 할머니도 젊은이들이 선호하는 브랜드의 가게에서 옷을 고른다. 할머니도 핫팬츠를 즐긴다. 혈관이 두드러져 보기 좋은 모습은 아니지만 개의치 않는다. 주책없다고 눈총 주는 사람도 없다.

반바지는 길이가 더 이상 짧을 수 없을 정도까지 왔다. 아가씨들의 반바지 길이는 앞 호주머니보다도 짧다. 어중간한 길이의 반바지는 보기 힘들다. 이러한 '하의실종 패션'은 확실히 다리가 길어 보이게 하는 효과를 낸다. 바지라고 해도 스판덱스로 된 레깅스는 미니 치마보다 야하다. 조깅하는 여자들은 하의로 레깅스를 많이 입었다. 미니스커트를 입은 어떤 여자는 치마 안에 스판덱스로 된 반바지를 받쳐 입기도 한다.

FIT대학교 안에 있는 패션 박물관에 가면 운동복이 여자들의 의상 변화에 지대한 영향을 미쳤다는 것을 확인할 수 있다. 의류발달사에서 여성의 의복은 운동 양의 증가와 밀접한 관련을 맺으며 발달했다. 1850년대 여자 수영복은 베이지색 모직으로 된 투피스로 웃옷은 긴팔 소매에 무릎 길이였고, 바지는 발목 길이였다. 실용성보다 정숙함을 더 중요시한 수영복이라 여자들은 물속에서 웃옷이 뒤집혀 불편하다고 항의를 했다고 한다. 1920년대는 남녀 모두 러닝셔츠와 사각 팬티 모양의 울 저지 소재 수영복을 입었고, 1930년대만 해도 해변에서 장화 길이의 새틴과 면 소재 신발을 신었다.

운동복은 점차 실용성과 더불어 노출 정도를 높여 왔고, 새로운 소재의 개발을 촉진했다. 요새는 육상 선수의 복장이 비키니 수준이다. 테니스 선수의 치마 길이도 더 이상 올라갈 수 없을 정도로 짧다. 운동복과 일상복의 구별이 별로 없어 선수 복장 못지않은 간편하고 기능적인 옷차림도 거리에 흔하다.

여인들은 아기자기한 무늬가 있는 맥시 치마로 여성성을 살리기도 한다. 시폰 소재의 긴 치마가 바람에 휘날리며 펄럭이는 모습은 늘씬한 각선미만큼 시선을 끈다. 미니 치마를 입은 여자는 당당하고, 맥시 치마를 입은 여자는 신비스럽다.

양극화 추세는 여자 신발 굽에도 나타난다. 플랫 슈즈는 점점 더 낮아지고, 킬 힐은 점점 더 높아지고 있다. 여자들의 구두 사랑을 증명하듯이 큰 백화점들은 한 층 전체를 구두 매장으로 꾸민다. 삭스 피프스 애비뉴 백화점은 8층 전체가 구두 전문 매장이다. 세일 기간 중엔 여자들이 게걸스럽게 구두를 시식(?)하느라 정신없다. 요즘 구두는 굽이 화두다. 높이로 경쟁하는 한편, 소재로도 경쟁에 나서 기존 소재 외에 플라스틱, 금속, 나무도 사용한다.

굽은 예술을 넘어 초현실주의적 실험의 대상이 되었다. 굽에 그림을 그리고 조각을 하며 징과 크리스털을 박더니, 모양도 기하학적 조형미를 추구한다. 고급 브랜드일수록 이런 실험에 적극적이다. 누가 더 괴상하고 충격적인 구두를 만드는지 경쟁 중이다. 비실용적 구두일수록 광고 효과는 극대화된다. 가수 레이디 가가는 굽 높이가 20㎝ 넘는 구두와 두툼한 앞굽만 있고 뒷굽은 없는 구두도 선보였다. 그녀는 이런 구두로 플래시 세례를 받아 노래 홍보에도 이용한다.

여름이면 거리에는 굽 1㎝ 이하의 슬리퍼나 샌들을 신은 사람이 대부분이고, 간혹 10㎝ 이상의 킬 힐이나 웨지 힐을 신은 여자가 지나간다. 직장 여성들은 거리에서는 플랫 슈즈를 신고 바삐 걷다가 회사에서는 하이힐로 갈아 신는다. 그들의 빅 백 속에는 킬 힐 슈즈가 담겨 있다. 맨해튼 인도는 하이힐을 신고 걷기에 불편하다. 울퉁불퉁한 보도블록 사이에 굽이 끼면 뒷부분이 까지기 쉽다. 벽돌만 한 돌들이 듬성듬성 박혀 있는 곳도 있는데 아마도 마차가 다니던 시절에 만든 길인 듯하다. 누군가 시장 선거에 나올 때, 길거리를 하이힐 신고 걷기에 편하게 고치겠다고 공약하면 여성 표는 걱정 안 해도 될 것 같다.

여자가 몸에 걸치는 것 중 구두만큼 섹시한 것도 없다. 킬 힐의 위태롭고 가냘픈 모양은 보는 이의 마음을 애처롭고 불안하게 한다. 걱정으로 두근거리는 가슴은 성적 흥분으로 쉽사리 전이된다. 드라마 '섹스 앤드 더 시티'에서 주인공 캐리는 구두 마니아다. 섹스 칼럼을 쓰며 적합한 성적 상대를 찾아 헤매는 캐리가 구두 마니아로 설정된 것은 의미가 있다. 구두 디자이너인 크리스티앙 르부탱이 지향하는 것도 섹시함이다. 그는 음란할 정도의 섹시함을 추구한다고 노골적으로 밝히며, 고객들이 자신의 구두를 필요가 아닌 갈망으로 구입하기를 원한다.

필리핀의 이멜다가 소유했던 삼천 켤레의 구두가 화제였던 적이 있다. 미국의 상류층 중에서도 몇 백 켤레의 신발을 지닌 이들이 흔하다. 이쯤 되면 신발장 속에 진열된 구두는 주인에게 일 년에 한 번 선택되기도 어렵고, 필요가 아닌 갈망의 대상일 뿐이다. 이런 신발 수집벽은 심리적 문제로도 연결된다. 마음의 허기와 강박 관념으로 인한 과시욕과 집착욕구, 이런 심리가 신발 수집욕의 저변에 밑창으로 깔려 있을 것 같다. 그러나 이런 심리에서 온전히 자유로운 사람이 있을까. 이멜다는 '다른 사람도 신발 욕심이 있을 것'이란 말로 반박했다. 일반인은 그저 경제적 여유가 안 될 뿐인가.

패션은 구두에서 완성된다는 말이 있다. 먼저 멋진 옷을 골라 입고, 그 옷에 어울리는 구두를 신어야 완벽한 패션이 된다는 뜻이다. 그러나 프랑스 여배우 카트린느 드뇌브는 이를 뒤집는 발언을 했다. 그녀는 외출할 때 신발부터 정한 다음에 옷을 입는단다. 그만큼 그녀에겐 구두가 중요하기 때문이다. 구두 마니아임이 분명한 그녀의 신발장 안에도 킬 힐과 플랫 슈즈가 공존할 것이다.

치마와 신발의 디자인에서 나타나는 양극화는 점점 더 극을 향해 치닫고 있다. 그 극한점은 어디일까. 디자이너도 괴로울 것 같다.

# 빅 백을
# 좋아하는 이유는
# 무엇일까

빅 백이 언제부터 이렇게 유행했나. 유행이란 하나둘 나타나다 어느덧 쓰나미처럼 거부할 수 없는 흐름을 형성한다. 패션 리더인 할리우드 스타들이 빅 백을 자주 선보이자 여자들의 어깨는 빅 백이 차지하게 되었다. 하나도 모자라 양어깨에 둘러멘 사람도 많다.

빅 백은 일주일 정도 여행 가기에도 손색이 없다. 여행을 안 가도 넣어야 할 것은 많다. 지갑, 핸드폰, 열쇠, 선글라스, 화장품, 컴퓨터, 긴팔 옷에 여차하면 갈아 신을 하이힐까지. 가방 디자이너 조명희는 가방을 '두 번째 집'으로 비유했을 정도다. 큰 백을 갖고 다니면 그 용량만큼 이것저것 넣게 되는 것이 단점이다. 불필요한 것도 넣고, 안 살 것도 사고, 버릴 것도 미뤄 자꾸 무거워진다. 두 번째 집은 점점 더 커진다.

빅 백을 어깨에 메고 빠른 속도로 걷는 뉴요커의 모습은 자신감 있고 씩씩해 보인다. 미국 영화에 나오는 적극적이고 강인한 여성상의 이미지에 가장 잘 어울리는 것도 빅 백이다. 빅 백과 반대로 손바닥만한 미니 백도 슬그머니 유행 대열에 끼어들어 보지만, 수납공간이 답답하고 정장에 더 잘 어울리는 미니 백은 빅 백을 이길 수가 없다.

브랜드 면에서 볼 때 길거리에 명품백이 흔하지는 않다. 물론 어느 거리냐에 따라 다르겠지만, 지하철 안에서 주위를 한번 훑어보았을 때 도드라지는 명품백은 별로 없다.

한국의 한 여성지는 20대에서 40대 여성을 상대로 백에 관한 조사를 했다. 그중 6~10개의 백을 소유한 사람이 47%인데, 1~3개 정도만 주로 사용하는 비율이 50%였다. 소유한 명품백은 루이뷔통이 26%, 샤넬이 12%, 프라다 8% 순이었다. 명품백의 구매 이유는 자기만족이 31%, 패션과 어울려서가 24%, 질이 좋아서가 21%였다. 백 크기는 A4 용지가 들어가는 것 이상이 93%였다. 빅 백의 압도적인 우위다. A4 용지의 등장 이후 A4가 들어가느냐가 핸드백 크기를 결정하는 주요 사항이 되었다.

영국의 어느 신문사에서 13세에서 81세 여성 3천 명을 대상으로 조사했더니 여자들은 평균 17개의 가방을 소유하고 있으며, 구입 비용으로 7백만 원을 소비한 것으로 나타났다. 개당 평균 가격이 40만 원이 넘으니 싸구려 백은 아니다. 영국 여성은 한국 여성보다 여러 개의 백을 가지고 있다. 영국 여자들이 패션에 더 관심이 많은

것일까, 아니면 한 번 산 백을 버리지 않기 때문일지도 모른다. 남자가 자동차에 관심이 많듯, 여자는 핸드백에 애착을 느낀다.

　여자들 체격이 커졌고, 캐주얼한 차림이 대세이며, 업체는 가격을 올리기에도 좋아 빅 백의 유행은 쉽게 수그러들 것 같지 않다. 여성의 사회 진출 증가와 디지털 기계의 발달로 갖고 다녀야 할 물건들도 늘었다. 어깨는 점점 무거워진다. 그러나 가장 무거운 백을 메고 다니는 사람은 아기 엄마들이다. 아기 용품이 산더미처럼 가세하니까.

# ■ 튀는 옷차림은 생존전략인가

맨해튼 거리에 나서면 상하좌우로 눈 운동이 저절로 된다. 건물 보랴, 사람 보랴, 물건 보랴, 눈동자가 바삐 돌아간다. 다른 도시에서는 흔히 보지 못할 사람들이 특히 많다. 스폰지 밥이나 세서미 스트리트의 등장인물로 분장한 사람, 중력을 거부하는 스타일과 원색으로 머리카락 개성을 표출하는 이들, 넝마 같은 옷과 모자로 멋부린 사람, 안에 철사를 넣어 바람에 휘날리는 넥타이로 연출한 남자, 이런 특이한 행인들이 볼거리를 제공한다.

뉴욕에서 성공하려면 일단 차림새가 튀어야 한다. 여기서 별난 모양새는 흉이 아니고 개성이자 창의성을 보여 주는 도구다. 뉴욕에선 파티가 자주 열리고 경쟁자가 수두룩하기 때문에 옷이 아니면 머리 모양이라도 특별나야 한다. 평범하면 다른 사람에게 기억되지 못한다.

특히 예술가는 성공에 대한 집념과 실력만큼 차림새가 중요하다. 여배우들은 영화제 시상식장에서 속이 비치는 드레스나 노출이 극대화된 옷으로 주목을 끌기 위해 노력한다. 우리나라의 앙드레 김도 평생 흰옷만 고집해 자신의 스타일을 각인시켰다.

현재까지 최고로 튀는 패션을 보여 준 연예인은 가수 레이디 가가다. 그녀는 2010년 MTV 음악상 시상식장에 생고기 드레스를 입고 나타나 충격을 주었다. 소고기를 얇고 넓게 잘라 이은 짧은 드레스에 구두도 고기로 감쌌고, 머리 위에도 한 조각을 올렸으며, 고기로 감싼 지갑을 든 차림이었다. 그녀는 "생고기 드레스는 동성애자든 이성애자든 누구나 평등이라는 최고급 등심을 즐길 권리가 있다는 의미"라고 주장했다. 그 옷은 로큰롤 명예의 전당 박물관에 전시되었으며, 타임즈의 '올해의 아이디어'로도 선정되었다.

사실 생고기 드레스는 1987년에 자나 스터박이라는 여성 예술가가 이미 작품으로 선보인 적이 있다. 그러나 레이디 가가는 자신의 생고기 드레스에 독창적인 해석을 덧붙임으로써 대성공을 거둔 셈이다. 요새는 작품이나 행위만큼 해석이 중요한 시대다. 레이디 가가는 토박이 뉴요커라 스타가 되기 위해서는 튀는 패션과 그럴 듯한 메시지가 필수라는 것을 누구보다 잘 알았던 것 같다.

남녀노소 할 것 없이 차림새는 그 사람의 정체성을 나타낸다. 과거에 평민은 화려한 옷을 입는 것이 금지되었다. 신분의 상징이었던 옷과 머리 모양은 현대에 와서 개성을 드러내는 도구가 되었다.

취향이 어떤지, 미적 감각이 어느 정도인지, 정성을 들였는지, 얼마나 돈을 들였는지, 그의 차림을 보면 안다.

잘 차려입었다고 모두 부자는 아니다. 거부이면서도 차림새에 무심한 사람도 있다. 스티브 잡스와 마크 저커버그의 패션은 같은 티셔츠와 바지를 여러 벌 사 놓고 입는 스타일이다. 그들은 옷에 민감할 시간도 없고, 그럴 필요도 없는 이들이다. 유명해서 얼굴 하나로 다 통하는 사람이라면 가능하다.

난 여태껏 튀지 않는 옷을 골라 왔다. 요란하지 않고 편한 옷을 선호한다. 여기서 '편하다'라는 의미는 몸과 마음 양쪽이 다 편한 것이다. 우선 몸에 너무 달라붙고 노출이 심하고 장식이 많고 정전기가 일면 사지 않는다. 가격도 비싸면 부담스러워 피한다. 옷의 주인이 되고 싶지, 하인이 되기는 싫다. 비싼 옷을 모시며 구겨질까, 묻을까 조심하는 정신적 피곤함을 감수하기는 싫다. 내 동작에 군말 없이 순종하며, 얼룩이 묻으면 쉽게 빨 수 있는 옷이 좋다. 다른데서는 갑질 할 수 없으니 옷에서만큼은 철저히 갑질을 하고 싶은 욕망이 있었나 보다.

차림새는 자기만족을 위한 즐거운 놀이 대상이기도 하다. 자신을 가꾸는 가운데 행복을 느낀다 해서 누가 뭐라고 하겠는가. 자기도 즐기고, 남에게도 볼거리를 제공하니 말릴 이유가 없다. 그저 튀지 않게 입는 것을 원칙으로 삼아 왔던 나도 이제 별난 옷을 시도해 보고 싶다. 모든 길거리는 런웨이다. 지켜보아 줄 사람들은 가득하다.

여기선 할머니도 주목의 대상에서 빠지지 않는다. 뉴욕의 어느 사진작가는 길거리의 멋쟁이 할머니들 사진을 모아 책으로 낸다. 할머니 모델도 활발히 활동한다. 테슬라 창업주인 일론 머스크의 어머니인 메이 머스크는 영양학자이며 현직 모델이다. 카리스마 넘치는 눈빛과 짧은 백발머리를 가진 그녀는 잡지의 표지 모델로도 자주 나온다. CNN 앵커인 앤더슨 쿠퍼의 어머니이자 철도 재벌인 밴더빌트 가문의 상속녀 글로리아 밴더빌트는 90세가 넘었지만 모델과 디자이너 경력답게 멋쟁이로 유명하다. 사실 나이 들수록 차림에 더 신경을 써야 한다. 주름을 감출 순 없지만 산뜻한 차림을 유지해야 위축되지 않는다.

큰돈을 들여야만 멋지거나 튀는 패션이 되는 것은 아니다. 빨간 목도리 하나를 센스 있게 두른 할아버지도 거리의 시선을 사로잡을 수 있다. 젊은이도 노인을 쳐다본다. 자신의 미래 모습이기 때문이다. 그들에게 희망을 주어야 한다. 노인은 조금만 멋있어도 더 주목받는다. 패션에서 장난기를 발휘해 웃음을 주는 것도 훌륭한 봉사 활동이다.

내일은 무슨 옷을 입을까, 고민하는 것은 내일은 무슨 일을 할까, 계획하는 것만큼 중요할 수 있다. 매일 옷을 골라 입는 것은 일종의 생활예술 행위다. 튀는 옷은 전위예술이고.